Ⓢ新潮新書

榎本博明
ENOMOTO Hiroaki

ほめると子どもは ダメになる

647

新潮社

ほめると子どもはダメになる●目次

第2章　欧米の親は優しい、という大誤解　61

第3章　ほめても自己肯定感は育たない　109

序章　なぜ「ほめて育てる」が気になるのか

教育評論家が「叱らないで」

失敗を怖れてチャレンジできない若者や内向きの若者。ゆるく生きるのに馴染みすぎて頑張れない若者。教師や上司の注意や叱責に対してすぐに反発する若者。ちょっとしたことでひどく落ち込む若者。傷つきやすく、鍛えることが難しい若者。そのような若者が明らかに増加している。

学校でも会社でも従来のやり方が通じなくなったため、教師や上司の戸惑いは大きい。うっかり叱咤激励して傷つけてもいけないし、反発されてもややこしいので、やる気になってくれるようにと楽しい場づくりを工夫したり、叱らずにできるだけほめるようにしたりと、非常に気を遣っている。

まるでお客様扱いである。厳しさがないどころか、媚びを売っている感がある。もっと厳しく鍛えないとまずいんじゃないかと思う人は少なくないようだ。だが、厳しいことを言ってトラブルになってもややこしいからという先生たち。鍛えようとして辞められたら困るし、自分の失点になるしという上司たち。これでいいんだろうか。

こうした問題は、「ほめて育てる」という思想の普及によってもたらされた面が大きいのではないだろうか。

「ほめて育てる」とか「叱らない子育て」といった標語をしょっちゅう耳にするようになった。その手の子育て本の代表のひとつである『尾木ママの「叱らない」子育て論』(尾木直樹、2011年)では、ほめられればだれだって嬉しいものだということを強調している。

「子育てのポイントは、〝叱る〟代わりに〝ほめる〟ことなんです。大人だってほめてもらうとうれしいもの。気分がよくなり、もっともっと認めてほしくなって、さらに頑張っちゃいます。ましてや成長盛りの子どもなら、叱られるより、認められるほうがうれしいのに決まっています。

子どもはほめられてニコニコ笑顔。ママもハッピー」(同書)

それはだれだって、叱られるよりほめられるほうが嬉しいに決まっている。だからといって、叱らないのがいいということにはならないだろう。嬉しがらせるのが子育てなのだろうか。子どものご機嫌を取るのが子育てなのだろうか。

この本には「子どもとの約束は『石にかじりついてでも守る』」という項目もある。そこでは、子どもは父親や母親との約束のなかから約束や信頼の大切さを学んでいくのだとして、ときには子どもにあらかじめ〝守れそうだな〟と思う約束をさせてみることを勧めている。

「『遊んだおもちゃは自分で片づけようね。約束よ』

それができたら、うんとほめてあげて。

『すごいね～！　できたじゃない！　おかげでお部屋がきれいになったね～』

できなかったときのペナルティは必要ないんです。

叱らないこと」（同書）

「守れそうな約束」を子どもが守ったら大いにほめるべきだが、守らなくても叱ってはいけない。だが親は、子どもとの約束を石にかじりついてでも守るべきだという。なぜそこまで子どもを持ち上げるような子育てをさせようとするのだろうか。

この本をよく読んでみると、内容としては必ずしも「叱らない子育て」というわけではない。叱るということに触れていないだけで、母親が本を読むと子どもに国語力がつくこと、「100点をとったらごほうび」など条件づけがやる気を下げること、新しい問題集より一冊を何度も繰り返すのがよいことなど、非常に真っ当なことが書かれている。

では、なぜ本のタイトルや前書きで「叱らない子育て」をアピールするのか。それは、自分にも甘く子どもにも甘い親に受けるからではないか。

叱るのはエネルギーがいる。叱らないで済むというなら、それはラクでいいということになる。子育てでラクをしたいという親にとって、「叱らない子育て」でうまくいくというのは、とても魅力的なわけである。

だが、叱らない子育てで、ほんとうにうまくいくのだろうか。あまり子どもを叱らない時代になって、子どもたちがどんな若者に育っているのかを知ることで、その問題点も見えてくるのではないか。

「寝てないから、寝させてください」

私は、心理学者として自己（＝自分）がどのように形成されるのかを専門に研究してきた。これまでに約20校の国立大学や私立大学で、心理学系の授業をしたり、ゼミや論文指導を担当したり、学生相談室のカウンセラーを務めたりして、さまざまな学生たちと接してきた。

また、1998年からある自治体の家庭教育カウンセラーに任命され、園児や生徒の親の相談に乗ったり、親向けの研修会を担当したりもした。これは小学校から高校まで、スクールカウンセラーを置いても一向に生徒の心理的な問題が減らないため、家庭教育からサポートする必要があるということになり、文部科学省の事業として各県に数人の家庭教育カウンセラーが配置されたことによる。

こうした経験を通して、「ほめて育てる」や「叱らない子育て」と言われるようになって、子どもの育ち方が変わってきたこと、その結果として若者の心のあり方に変化が生じていることを実感するようになった。

たとえば大学では、自分勝手な自己主張をする学生が多いことがよく教員間の話題になる。たしかにちょっと前の学生ではあまりなかったような自己主張が増えているようだ。

授業中、あまりに態度が悪い学生がいるので「静かにするように」と注意したが、

「うるさいなあ」といった感じで開き直り、だらけた態度のままなので、説教口調で注意した。それに対して反抗的な態度を取った学生は、休み時間になると教務課に駆け込み、「先生からきついことを言われて傷ついた、あんな先生の授業には出たくないから先生を替えてほしい」と訴え出たのだった。

お客様扱いが浸透している今の日本の教育現場では、どんな顚末になったか。その学生を別の先生のクラスに移すという特別措置がとられ、一件落着となったらしい。

私自身も、かつてはこんなことはなかったなと思うようなことをしばしば経験する。たとえば、授業中に寝ている学生を起こしても、またすぐに寝る。そこで、教壇を下りて注意しに行くと、こう言う。

「僕は夜中じゅうバイトしてて、ほとんど寝てないんです。寝させてください」

ここは授業中の教室だし、寝たいのなら教室から出て行って寝なさいと言うと、「友だちと一緒にいたいんです」と言い張り、さらには「授業料を払ってるんだから、ここにいる権利があります。他の先生はだれも注意なんかしません」と主張し、あくまでも食い下がる。こちらも譲歩するわけにはいかないので、何とか説得して出て行ってもらった。

毎回40分以上遅刻して教室に入ってくる学生に注意すると、

「これでも頑張って起きて10時に家を出てきてるんです。家から1時間半もかかるんですよ。家が遠いんです」

と、当然その言い分が通るだろうといった調子で自分の窮状をアピールする。かつてなら注意されたとたんに「すみません」と恐縮したものだったのだが。

義務を果たさなくても叱られない。いつも親がほめるべき点を探してほめてくれ、良い気分にしてもらえる。そんな子育ての結果、どのような人間がつくられていくのかということについて、ちょっと真剣に考えてみる必要があるだろう。

また、なぜいまどきの親たちは叱ることを躊躇するのか。そこにはどんな心理が潜んでいるのだろうか。

しつけのことを心理学では社会化という。それは、ほめたり叱ったりという家庭のしつけが社会的な意義と深く結びついていることを示唆している。今時の親は、そのような個人を超えた社会的な視野を踏まえた子育てを行っているだろうか。

社会の役に立てる人間に育てて送り出すとか、社会の荒波に負けずに立派にやっていける人間に育ててあげるというよりも、親自身の自己愛を満たすための子育てになってはいないだろうか。

そこに見られるのは、社会という視点の欠けた子育ての私事化である。

心の傷になる、トラウマになるという脅し

揺れ動く親心につけ込む商法も、ますます世の親たちを追い込んでいく。

「叱り方を間違えると、子どもは心の傷（トラウマ）を受けてしまう」

「叱ると自信のない子になってしまう」

「叱らない子育てが大切」

などといったメッセージがメディアを通して流れてくる。

子どもに取り返しのつかない心の傷を与えたら大変だ。自信のない子になってしまったらどうしよう。そんな不安を煽られ、世の親たちは子どもを叱る自信をなくしている。

そのように不安を煽っておいて、

「子どもの気持ちを傷つけないものの言い方」

「子どもに自信をつけさせるコーチングの子育て」

などといった謳い文句で、本やセミナーを売り込む商法が大流行である。

こう言えば子どもは傷つかないはず。こういう言い方をすれば子どもはやる気になるはず。そんな風にロボットを操縦するような扱いをする親を、はたして子どもは信頼するようになるだろうか。

ここで、ちょっと考えてみてほしい。叱り方がまずいと子どもは傷つくとか、叱るよりほめて育てることが大事とか言われるようになって、子どもたちは逞しくなっただろうか。

むしろ、逆ではないのか。ちょっとしたことですぐに傷つく子がとても多くなってきた。学校で先生から厳しく注意されるとひどく落ち込み、学校に行けなくなる子。上司や先輩から注意されると、自分を全否定されたかのように落ち込んで、仕事が手につかなくなったり、会社に行けなくなったりする若者。落ち込む代わりに、注意をしてきた上司や先輩に逆ギレして、職場に居づらくなってしまう若者。

このように、叱られ慣れていない子は、学校生活にもうまく適応できず、やがて就職してからも、社会になかなか馴染めなくなる。叱るというのは、社会に適応していける人間にしていくために必要不可欠なことなのではないだろうか。

社会適応を促す働きかけのないままに育ってしまい、適応に苦しむ若者が少なくない。

忍耐力や頑張る心を身につけないままに大人になり、日々苦しい思いに苛まれている若者も目立つ。つい最近も、授業の後の教室で学生がこう話しかけてきた。

「意志が弱くていつも失敗するんですけど、どうしたらいいんでしょうか？」

聞いていた他の学生も、口々に思いを口にし始めた。

「僕も同じです。頑張らなきゃって思うんですけど、すぐに諦めちゃうんです。どうしたら頑張れるようになれますか？」

「私も、これまで頑張ったことがないから、頑張る自信がないんです。授業きいてて思ったんですけど、このままじゃダメですよね。どうしたらいいですか？」

就活をしている学生が、こう相談しに来たこともある。

「来年自分が午前中に起きてる姿を想像できないんです。だから就活は1年延ばそうと思うんですけど……」

叱るにはエネルギーがいる。その子のためということを考えなくてよいなら、わざわざ気まずい思いをしてまで叱ることはない。子どもの将来なんてまだまだ先のことだしと思ったら、叱らない方が楽に決まっている。だが子どもにちゃんとしたしつけをしようと思ったら、どうしても叱らざるを得ない場面があるものだ。でも、忙しさのなか、あえて気まずくなってまで叱る気力が湧いてこない。

そんな葛藤を抱え、子育てに疲れたり、迷いを抱えたりする親にとって、「叱らない子育て」というキャッチフレーズは、とても魅力的な響きをもつ。「えっ、叱らないでうまくしつけられるような子育て法なんてあるの？」と、子育てが一段落した私でも強く興味を引かれる。

いったいどうやって叱らずにいられるかと批判的な気持ちで読んでみると、けっして叱らないで子育てがうまくいくとは言っていない。数冊を検討したが、内容はごく真っ当なもので、教育心理学的にみても正しく、共感せざるをえない。例えば『親がラクになる　叱らないでOK！な子育て』（「月刊クーヨン」編集部編）には、夫がアメリカ人で厳しかったり、夫が「嫌われ役」を買って出たりしているため、「自分は叱らなくていい」と語る妻の声が紹介されていた。

結局、子育ての日々に疲れて、イライラしたり怒りを爆発させてしまいがちな親に向けて、冷静に叱れるようなヒントを示している内容なのだ。だが多くの人は中身は読まずにタイトルばかり目にするため、勘違いが世の中に広まっているわけだ。

勘違いだけならよいのだが、私は心理学者であり教育者であるという立場上、それが深刻な弊害をもたらしていることを指摘しなければならない。「ほめて育てる」思想を欧米から取りいれた際、ある大きな前提が見落とされていた。それがいま、先に挙げた学生たちの諸相につながっているのだ。

欧米の父性社会、日本の母性社会

何でもアメリカをモデルにしようとする風潮が日本にはある。日本文化とアメリカ文化それぞれの根底にあるものを一切考慮せずに、表面だけ真似ようとする。その結果、さまざまな歪みが生じる。大学教育の問題もそうだし、子育ての問題もそうだ。

自立的な強い人間へと鍛え上げる厳しさが根底にあるアメリカやヨーロッパなどの父性社会と、どんな人間をも丸ごと包み込むやさしさが根底にあり、それゆえ甘えが通用する日本のような母性社会では、「ほめて育てる」ということのもつ意味が大きく異なるはずだが、そこのところが見逃されている。

欧米社会では、理屈以前に、親の言うことや教師の言うことには逆らえない。そのような権威を親も教師ももっている。いわば「誰がボスか」が非常にはっきりしており、子どもたちはその言いつけに従わなければならないのだ。そうした権力関係を背景にして、親も教師も子どもを上手にほめる。

欧米では、生後まもない頃から親子別室での就寝が基本だ。日本のように親子川の字で寝るというのは考えられないという。その親子別室に象徴されるように、親子が切り離されている父性社会では、ほめることには切断の厳しさを中和する意味がある。夫婦の間でしょっちゅう「アイラブユー」が必要なのも同じような事情だろう。

この違いを踏まえずに、「アメリカでは先生が生徒をほめるのが上手だ」「アメリカの親は子どもを積極的にほめている」「だから日本の先生も親ももっと子どもたちをほめるべきだ」などと教育専門家らが主張した。

日本ではもともと、親も教師も欧米のような権威を持たない。権威を持つこと自体、まるで横暴で好ましくないことであるかのような雰囲気がある。

ごく普通に聞かれるようになった「友だち親子」とは、親が子に対してまったく権威をもたない関係例と言えるだろう。

かつてユング心理学者の林道義が「友だちのような父」について厳しく書き、物議を醸したことがあった。

「『友だちのような父親』はじつは父ではない。父とは子どもに文化を伝える者である。伝えるとはある意味では価値観を押しつけることである。自分が真に価値あると思った文化を教え込むのが父の最も大切な役割である。上下の関係があり、権威を持っていて初めてそれができる。しかし対等の関係では、文化を伝えることも、生活規則、社会規範を教えることもできない。『もの分かりのいい父親』は父の役割を果たすことのできなくなった父と言うべきである」（林道義『父性の復権』）

「ほめて育てる」の広がりから20年ほどが経過した現在、親の厳しさはますます失われ、子どもに言うことを聞かせるより、子どもの言うことを聞く親が増えているように思われる。どこで間違ったのか、いま何を考えるべきなのだろうか。

本書では、以上のような問題意識をもって、「ほめて育てる」という思想の孕む問題について考えてみたい。

第1章　「注意されることは、攻撃されること」

先生を叱る親たち

「ウチの子はいくら言っても言うことを聞かないので、先生から厳しく言ってやってください」

「ウチで禁止するというのは難しいから、学校で禁止してくれませんか」

こうお願いする親は、かつてけっして珍しくなかった。

ところが「ほめて育てる」ということが強く推奨されるようになって、親や教師の間に叱るのを躊躇する傾向が広がってきた。もし学校で先生が厳しいことを言ったりすると、クレームが発生するようにもなったのだ。

「先生から叱られたといって、ウチの子が傷ついて、学校に行きたくないって言ってます。どうしてくれるんですか」

「ほめて育てるっていうじゃないですか。ウチでも叱ったりしないのに、先生が生徒を傷つけてどうするんですか」

もはや子どもを責任をもってしつける者がいなくなったのである。これはどのようにして引き起こされたのだろうか。

自分自身の幼い子ども時代のことを思い出してみよう。どんなふうにしつけられていただろうか。

私の場合は50年以上も前のことになるが、とにかくよく叱られた。幼稚園児の頃、大きな積み木を使って乱暴な遊びをしていて叱られたことを覚えている。先生がオルガンを弾いてみんなを呼び集めているのに、園庭での遊びに夢中で教室に戻らないことがよくあり、しょっちゅう叱られた。それによって、ケガをしかねない危ない遊びをしてはいけないということを学び、規則に従うことを学んだ。叱られることで、してはいけないことを学び、守らなければならない規則を学ぶのである。

小学校時代にもよく叱られたものだった。授業中、ボケーッとして窓の外を眺めていたら、チョークがほっぺたにぶつかり、ハッとして我に返ったところを先生から怒鳴られた。先生のコントロールはいつも見事だった。

隣の子とお喋りをして怒鳴られることもあった。そうした叱られ体験の積み重ねによって、授業中は先生の言葉に集中するという姿勢が身についた。もし叱られていなかったら、授業中も勝手なことをするばかりで、知的な刺激を受けたり知識を吸収したりということがないままに、学校時代を通り過ぎていただろう。

私は、小学校の4年生になるまでは、宿題をするという習慣が身についていなかった。それまでの担任の先生が生徒に甘く、厳しく叱らなかったからだ。先生のせいにするのは気が引けるが、実際先生の姿勢が変わることで自分も変わった。叱られなければ、まだ幼い子どもとしては、宿題などせずに衝動に任せて遊び回っている方が楽しいに決まってる。だから、毎日帰宅するなりランドセルを放り出して外に遊びに行き、真っ暗になるまで遊んでいた。夕食の後は疲れて寝てしまう。ところが、4年生のときの担任の先生はとてつもなく厳しかった。宿題が出るたびに忘れるわけだから、ほぼ毎日厳しく叱られることになる。その叱り方は、半端なものではなかった。それまでの先生のように宿題忘れを見逃してくれなかった。そのうち、叱られる恐怖によって、宿題をするという行動が私の中に定着していった。

序章で述べたように、所属する社会のメンバーとしてふさわしい態度や行動様式を身につけさせることを社会化という。叱ることはその重要な手段となっている。

幼い子どもというのは、自然な状態だと衝動のままに動く。叱られることで、衝動のままに動いていてはダメなのだということをはっきり学び、社会的に望ましい行動パターンを身につけていく。

体育の時間に、好奇心に任せて昆虫を追いかけ回して叱られる。授業中の教室で、空想に耽って心ここにあらずの状態になっては叱られ、集中力が切れて隣の子とお喋りをしては叱られ、じっとしていられずに動き回っては叱られる。友だちがもっているオモチャで遊びたくて、無断でもっていって叱られる。友だちと喧嘩をして叱られる。悪戯心が湧いてバカなことをして、一瞬得意な気持ちになるものの、厳しく叱られシュンとなる。怠け心に負けて、サボっては叱られる。意志の弱さに負けて、悪いことやずるいことをしては叱られる。

こうした叱られ体験を重ねることで、子どもたちは社会から受け入れられるような態度や行動を身につけていく。叱られなければ野生のままだ。衝動に任せて動き回るだけで社会性が身につかない。

子どもや若者は逞しくなったか?

ここで、「ほめて育てる」ということに話を戻そう。なぜその思想が日本に入ってきたのだろうか。

「日本の子どもや若者は自己肯定感が低いから、もっとほめて自信をつけさせないといけない」

「ほめて育てることで自己肯定感を高めることが必要だ」

そのような声が20年ほど前から教育界にも親の間にも広まり、強く推奨されるようになって「ほめて育てる」が大流行となった。

果たして若い世代は逞しくなっただろうか。むしろ、傷つきやすくてキレやすい若者やすぐに落ち込む若者が増えていると言えないだろうか。実際、学生たちの相手をしていると、無理しない若者、頑張れない若者、意志が弱いと開き直る若者が目立つように思う。

企業の管理職や人事関係、あるいは経営者の人たちと話しても、最近の若手は扱いが難しいとだれもが口にする。部下や後輩をどう指導したらよいかわからず戸惑う者が非常に多いという。

2012年に20代から50代の会社員700人(20代から50代の各年代175人ずつ、男女350人ずつを対象)に実施した私たちの調査でも、そうした傾向が顕著にみられた。

部下に注意やアドバイスをすると、自分を否定されたかのように感情的な反発を示すため、どうにも指導がしにくい。おとなしい社員の場合は、反発しない代わりにひどく落ち込み、やる気をなくしたり、ひどいときは休んでしまうため、厳しいことが言えず、腫れ物に触るような感じになる。上司に叱られたのがショックで、上司から呼ばれるたびに心臓がバクバクするほど緊張し、ついには出勤することができなくなるといったケースもあった。

調査データでは、「年長者からアドバイスされて、うっとうしいと思うことがある」という者が２割を超えており、とくに20代では３割近くがそのように答えている。つまり、アドバイスが必要な若年層に、とくに年長者のアドバイスに反発する心理が潜んでいることがわかる。また、半数以上が「『上から目線』でものを言われてイラッと来ることがある」「人からバカにされたくないという思いが強い」と答えている。

20代では特に、「他人に批判されると、それが当たっていてもいなくても無性に腹が立つ」という者が45％と飛び抜けて高かった。そこには、自信がないのに虚勢を張っており、そんな自信がなく不安な自分を見透かされたくない、人から見下されたくないといった思いが見え隠れする。

こんなことでは若手を使える人材に育てるなど無理だ、といった嘆きの声もしばしば耳にする。傷つきやすい若者の急増で、だれもが後輩や部下の指導に悩む時代になったのだ。

若者たちは、社会に出てからこうなったのではないだろう。望ましくないことをしても、義務を果たさなくても、厳しく叱られるということがない。そうした学校時代を過ごした者が社会に出ると、いきなり厳しい現実を突きつけられる。そこでの切り替えは難しい。

そんな私の危惧に対して、「お金を払う側からお金をもらう側に立場が180度変わるのだから大丈夫ですよ」という人材派遣会社の人がいたが、だれもがうまく切り替えられるわけではない。頭では理解できても、気持ちや身体がついていけない。叱られ慣れていない者にとって、叱られたときのショックは、周囲が思う以上に大きい。そのため、上司の正当な注意に対しても反発したり傷ついたりしやすい。

このような構図の原点は、すでに児童期の親や教師と子どもとの関係にある。叱れない親や教師と傷つきやすい子ども。叱ることができない親や教師が、社会に出てから鍛えてもらうのが苦手な人間、ちょっとしたことにすぐに傷ついて反発したり落ち込んだりする人間をつくっている面があるのではないだろうか。

レジリエンスという力

だれにとっても人生というのは思い通りにならないことの連続だ。頑張って勉強したのに成績が上がらない。部活で一生懸命に練習してるのに、どうしてもレギュラーになれない。あの子のことをこんなに好きなのに、好きになってもらえない。受験勉強に必死になって取り組んできたのに、なかなか受からない。

社会に出てからも同じだ。足を棒にして営業で回っているのに、なかなか契約が取れない。まじめに仕事をしてるのに、なかなか評価してもらえない。同期に仕事が抜群にできる人物がいて、何かにつけて比較され肩身が狭い。残業ばかりで仕事漬けの毎日なのに、会社の売り上げは落ちるばかりで、給料が下がるだけでなくリストラの不安にも脅かされる。

そういった葛藤、挫折は人生につきものだ。そうした逆境に耐える力がないと、人生を前向きに切り開いていくことなどできない。そこで最近注目されているのは、レジリエンスという心理特性だ。レジリエンスとは心理学用語で、強いストレス状況下に置かれても健康状態を維持できる性質、ストレスの影響を緩和できる性質、一時的にネガティブな出来事の影響を受けてもすぐに回復し立ち直れる性質をさす。簡単に言えば、逆境に負けない力、落ち込むようなことがあってもすぐに立ち直る力のことである。いわば心の復元力だ。

もともとレジリエンスの研究は、逆境に強い人と弱い人の違いはどこにあるのかという疑問に端を発している。人生は思い通りにならないことの連続であり、逆境に負けない力をつけること、つまりレジリエンスを高めることが何よりも大切といえる。

分かってきたのは、レジリエンスを高めるには、無菌室のような過保護な生活空間で育つのではなく、適度な挫折を繰り返し経験することが必要ということだ。そうした負荷がかかることで、いわば筋トレのように心が鍛えられていく。

そうなると、叱られることで鍛えられていくという面は、けっして無視できないはずである。

私が教育委員会関係の仕事をしていた頃のことだ。中学校などで、授業中にあまりに態度の悪い生徒を教師が怒鳴って注意すると、別の生徒の親が学校にクレームをつけるといったケースが目立ち、問題になっていた。

叱られた生徒は、しょっちゅう悪さをしては叱られているので、怒鳴られてもケロッとしている。ところが、別のおとなしい生徒が、自分が怒られたわけではないのに、怒る先生の姿を見てショックを受け、先生のことが怖くなってしまうというのだ。不登校になるケースもあった。それでおとなしい子の親からは、親でも怒ったことがないのに、先生が生徒を怒って怖がらせるようなことをするのは困るといったクレームが来るというのだった。

そうなると叱ることについての問題は、学校以前に、親の意識の問題が大きいと言えそうである。

日本では元々、親が権威をもって子どもをしつけるという姿勢が乏しかったことは序章で述べた。その分、地域社会や学校の先生がしつけの肩代わりを担ってきたのだが、それが大きく変わってきたのだ。

「友だちのような母親」が第1位

2000年頃、学生たちと「ほめて育てる」ということについて話し合ったことがあった。すでにその風潮が広まっており、非常に気になったのだ。

そこでは、「自分たちはほめて育てられたから、ほめられないとダメっていうか、ほめられないと凹む世代だと思います」などという意見が出た。

今の10代後半から20代の若者がしつけを受け始めた、あるいはしつけを受けている真っ最中であった2001年度の調査がある。家庭の教育力が低下している理由のトップにあがったのは「子どもに対して、過保護、甘やかせすぎや過干渉な親の増加」（66・7％）だった（「家庭の教育力再生に関する調査研究」文部科学省委託研究）。

甘い親が問題だという認識がもたれている割には、「どういう親でありたいか」という質問に対する回答は、次のようになっていた。

1位　何でも話し合える友だちのような母親　83・2％
2位　できるだけ子どもの自由を尊重する父親　82・8％
3位　できるだけ子どもの自由を尊重する母親　79・2％

これら上位にあげられたのは、いずれも厳しさの感じられない甘い親のイメージといってよいだろう。その証拠に、「子どもを甘やかさない、きびしい父親」でありたいという者は17％、「子どもを甘やかさない、きびしい母親」でありたいという者は11・7

%と、いずれもきわめて少数派だった。

さらに、親が子どもにどのようなことを期待するかを調べた国際調査（「家庭教育に関する国際比較調査」国立女性教育会館、２００４、２００５年度）も見てみよう。

「親のいうことを素直に聞く」ことを子どもに強く期待するという親は、日本ではわずか29・６%しかいなかった。フランスでは80・１%、アメリカでも75・２%と、ほとんどの親が強く期待しており、その他の国々でも韓国を除くと過半数の親が強く期待していた。

同じ調査で子どもが「学校でよい成績をとる」ことをどれだけ期待するかという項目では「強く期待する」という親は、日本は11・９%と飛び抜けて低くなっていた。アメリカは72・７%、フランスでも70・１%、スウェーデンでは45・９%と半数を下回り、タイでは28・９%、韓国では21・５%と３割を下回るが、日本の１割程度という数値の低さは際立っている。

このような意識調査の結果をみると、他の国々では子どもは親の言うことを素直に聞くものだと当然のように考えられているのに対して、日本ではそうではないのがわかる。

日本の親は、子どもの自由を尊重し、親の意見を押しつけるつもりはないという感じだが、そうした厳しさの欠如がしつけのなさにつながってはいないだろうか。

　その実際の模様が分かるのが次のデータだ。「子どもの体験活動等に関する国際比較調査」（子どもの体験活動研究会）は2000年、韓国、アメリカ、イギリス、ドイツ、日本の5カ国の小学校5年生および中学校2年生を対象とした調査を行った。

　しつけに関する言葉がけとして、「ちゃんとあいさつをしなさい」「うそをつかないようにしなさい」「友だちと仲良くしなさい」などと父母から言われているかどうかを聞くと、父親からも母親からも「言われない」という子どもの比率は、日本が圧倒的に高かった。

「ちゃんとあいさつをしなさい」（%）	日本	韓国	アメリカ	イギリス	ドイツ
お父さんから「言われない」	72	46	27	38	66
お母さんから「言われない」	54	39	23	29	60

「うそをつかないようにしなさい」（%）	日本	韓国	アメリカ	イギリス	ドイツ
お父さんから「言われない」	71	27	22	22	42

	日本	韓国	アメリカ	イギリス	ドイツ
お母さんから「言われない」	60	22	21	18	38

「友だちと仲良くしなさい」（%）

	日本	韓国	アメリカ	イギリス	ドイツ
お父さんから「言われない」	81	34	21	32	36
お母さんから「言われない」	70	27	17	23	27

このようなデータをみても、日本の親がとくに子どもをしつけようという働きかけをしていないことがわかる。

こうした親のしつけの欠如の影響であろうが、他の国々の子どもと比べて、日本の子どもは「いじめを注意したこと」があるという者が少なく、「友達のけんかをやめさせたこと」があるという者も少なかった。

「いじめを注意したこと」（%）

	日本	韓国	アメリカ	イギリス	ドイツ
「何度もある」	4	9	28	17	25
「時々ある」	18	30	20	27	28

「友達のけんかをやめさせたこと」（％）

	日本	韓国	アメリカ	イギリス	ドイツ
「何度もある」	8	27	23	23	25
「時々ある」	24	40	34	37	34

失われ続ける厳しさ

その後も日本の親の厳しさはますます薄れつつあるように思われる。

内閣府によって実施されている「低年齢少年の生活と意識に関する調査」によれば、「子供を良くするには、厳しい訓練やしつけが必要である」と考える者の比率は、年々低下傾向にある。

「そう思う」という者は、２０００年に27・9％であったのが、２００７年には10・3％とほぼ3分の1に減った。厳しいしつけが必要という者は、２０００年でも3割以下と少なかったのだが、２００７年にはわずか1割しかいないのである。

同じ調査をよくみると、わが国の子育てや教育の現状について、どのようなことが問題だと思うかという質問に対しては、「家庭でのしつけや教育が不十分であること」をあげる者が59・9％（2007年）と最も多いのだが、ではどうしたらよいかとなるとよくわからないのだろう。

最後にもうひとつ、現状を知るための調査をあげたい。2009年に実施された「高校生の勉強に関する調査―日本・アメリカ・中国・韓国の比較―」（日本青少年研究所）では、「学校生活で大切なこと」を高校生に聞いた。

アメリカや中国では「先生の指導に従うこと」「受験科目を重点的に学習すること」の比率が高いのに対して、日本では「部活動に熱中すること」「友だちに好かれること」の比率が高くなっている。「勉強時間」に関しては、日本の高校生は、宿題をする時間も、その他の勉強をする時間も、4カ国中最も少なかった。

「勉強へのプレッシャー」に関しては、アメリカでは親の期待、それに次いで先生の期待が大きく、中国は親の期待が最も大きいが、日本では親の期待も先生の期待も競争もあまり感じていないことがわかった。「成績に対する親の態度」に関しては、子どもの成績に対する父親の関心が日本は際立って低く、母親の関心も日本が最も低かった。

このようにみてくると、親のしつけの厳しさが薄れていくのと並行して、子どもを取り巻く教育環境の厳しさも、このところ急激に薄れつつあることがわかる。

父親が厳しいほど「有能になりたい」

ほめて育てる傾向が日本で強まっていることは、つい最近、筆者が20歳前後の大学生（253名）と30代～60代の人々（91名）に実施した調査からも明らかである。

小学校時代に先生からよくほめられたという者は、大学生では53％なのに対して30代以上では37％であった。小学校時代に先生からよく叱られたという者は、大学生では25％なのに対して30代以上では42％であった。中学校時代や高校時代に関しても、まったく同様の傾向がみられた。つまり、学校の先生は明らかにほめることが多くなり、叱ることが少なくなっていることがわかる。

また、自分の父親は厳しかったという者は、大学生の32％に対して30代以上は43％であり、母親が厳しかったという者は、大学生の40％に対して30代以上は51％だった。また、父親からよくほめられたという者は、大学生の34％に対して30代以上は20％。母親からよくほめられたという者は、大学生の61％に対して30代以上で36％であった。つまり、父親も母親も厳しさがなくなりつつあり、同時に父親も母親もよくほめるようになってきていることがわかる。

さらに、大学生に関して、両親の厳しさと本人の心理傾向との相関をみると、父親が厳しいほど「有能になりたいという思いは人一倍強いほうだ」「失敗から学ぼうという気持ちが強い」といった性質を肯定する傾向がみられた。そして、母親が厳しいほど「非常にやる気があるほうだ」「向上心が強いほうだ」「目標を達成したいという気持ちが強いほうだ」といった性質を肯定する傾向がみられ、「何事に対してもあまりやる気になれない」という性質を否定する傾向がみられた。このように、両親の厳しさがモチベーションの高さや粘り強さにつながっていることを示唆する結果が得られている。

いいお母さん＝叱らないお母さん

私は一時期、アメリカで子育てをしていたことがあった。公共の場で子どもが走り回ったり、泣き声を出したりしないように非常に気を遣わなければならなかった。家で子どもが泣いても、近所の住人から管理人にクレームがつくことがあり、注意されたりもしたので、とにかく子どもを静かにさせるのが大変だった。そうした経験を通して、子どもに対してとても厳しい社会であることを実感した。

日本はもともと子どもに甘いのに、「ほめて育てる」「叱らない子育て」などというものがもてはやされることで、子どもがルール違反をしても公共の場で人に迷惑をかけても、毅然と叱ることができない親が増えてしまったのではないか。

イギリスと日本の子育てを比較検討している教育学者佐藤淑子は、日本人の母親に対する面接調査によって、日本の母親が人目を気にしながら子どもに対応していることと、子どもを叱ることに心理的抵抗をもっていることを見出している。

たとえば、ブランコの順番に割り込んできた子にわが子がちゃんと抗議したときなど、それは望ましい自己主張であるわけだが、割り込みをした子やその母親への配慮から、わが子をほめることはしないという母親が何人もいたという。

具体的には、「後でさっきはえらかったねとほめることがあるけど、その子の手前黙っている」「人に対してやめてと主張することはたしかにいいことですけれども、相手のこと考えたらその子はいやな思いするわけですよね」「この割り込んだ子にしてみれば、そのときブランコにのりたいっていう気持ちが強かったかもしれないし……」「そのとき子どもを遊ばせているメンバーの母親によっても私の対応は違ってくる」などというのである（佐藤淑子『イギリスのいい子 日本のいい子――自己主張とがまんの教育学』）。

また佐藤は、日本の母親には、自分の子どもを叱るという行動そのものについて、非常に心理的抵抗がある人が多いことを見出している。「叱る」という言葉より、「話してみる」「言い聞かせる」「教える」「促す」「ことばがけをする」「説明する」「提案する」「～の方向にもっていく」「話して納得させる」などといった言葉の方が母親の気持ちにぴったりするというのであった。そして、約半数の母親が、子どもを叱ることは公共の場面であればみっともないし、公園やスーパーマーケットなどで自分の子どもを頭ごなしに叱っている母親を見ると自分はそんな風にしたくないと感じるというのである。

さらに、面接調査を通して、日本の母親には叱るという言葉に対してアレルギーともいえる抵抗感があることがわかったという。叱りたくない母親のなかには、子どもを叱らずに見守りましょうという主旨の育児書のマニュアル依存の傾向のある母親もいた。そこには「いいお母さん」＝「叱らないお母さん」という図式がみられる。

このような佐藤による面接調査の結果から窺えるのは、社会規範を子どもに叩き込むことに対する欧米と日本の意識の違いである。

欧米では、公共のマナーに反する子を見かけたら他人でも大人が注意するというのが常識となっている。社会的規範に反することは許さないという明確な基準に基づいて子どもはしつけられる。

それに対して日本では、マナーに反することをした子に注意をしたわが子を支持することさえしにくい雰囲気があることが、こうした結果にあらわれている。

マナー違反をしたという事実は棚上げして、注意された子はイヤな思いをするだろうにとか、その子も悪気はなかったのだろうしなどと、マナー違反をした子の気持ちまで思いやったり、マナー違反をした子の母親の気持ちまで配慮している。そこにはやさしさがあるとみることもできるかもしれないが、気まずくなりたくないという保身的な意向が強いように思われる。これでは社会規範をしっかり子どもに身につけさせるのは難しいだろう。

この調査が行われたのは、1995年から96年にかけてであり、その頃すでに「ほめて育てる」という考え方が浸透していたことがわかる。先述のように、私の指導学生たちが、自分たちはほめて育てられたから、ほめられないと落ち込む世代だというようなことを言ったのが2000年頃ということからしても、1990年代には「ほめて育てる」という思想がかなり浸透していたと考えてよいだろう。

この2000年にはアメリカの教育家、ドロシー・ロー・ノルトのレイチャル・ハリスとの共著『子どもが育つ魔法の言葉』が評判となり、単行本の年間ランキングで8位を記録した（『出版指標　年報2011年版』）。

これも「ほめて育てる」が当時、日本で受け入れられる素地が充分あった証左だろう。

ちなみに皇太子殿下が会見で「批判ばかりされた子どもは　非難することをおぼえる」とノルトの詩を紹介して話題を呼んだのはこの5年後だ。

もう通知表を信じてはいけない

「ほめて育てる」が浸透してからほぼ20年が経過し、そうした空気のもとで育てられ、厳しさというものにまったく触れずに育った者が、今度は親となって子育てをする側に回り始めている。「ほめて育てる」とか「叱らない子育て」といったキャッチフレーズの弊害が本格化するのは、まさにこれからということになる。

日本的な思いやりの心の交流は、けっして否定すべきものではない。問題は、どのように思いやるかだ。叱ることで子どもが傷つき落ち込むのはかわいそうだという形で思いやるのか、もっと長い目で見てここで厳しく叱って社会規範を叩き込んでおかないと後々社会適応に苦労することになりかわいそうだという形で思いやるのか。

本来しつけというのは後者の視点でなされるべきなのだが、叱ることを忌避する空気によって、前者の短絡的な思いやりの視点ばかりがとられがちといった問題があるように思われる。

問題は、そのような母性的なものの甘さを補うものが失われつつあることだ。親からのクレームを受ける学校現場について先述したが、ここでは通知表における変化について触れておきたい。

通知表には、かつては生徒の長所ばかりでなく短所の指摘欄があり、「こんなところに気をつけましょう」といったコメントがあったものだ。ところが、最近ではほめ言葉のみを書くように言われ、短所や改善が必要な点を指摘するのが難しくなってきたと嘆く教員もいる。

たとえば、「協調性のない子」には「信念が強い」と書くようにという要請があったりするのだ。これでは生徒も親も気づきが得られないと危惧するのだが、学校の方針なのでどうにもならないという。

育児書や教育書でも、「子どもをほめるように」として、短所を長所に読み替える方法を提示したりしている。じつは、このような読み替えのノウハウを提示してほしいといった依頼を受け、私も育児・教育雑誌に読み替えのコツについて書くこともあるのだが、それは親自身の心の中の自己コントロールを意図している。つまりイライラしてばかりの心情から脱するための自己コントロールのテクニックなのだ。決して読み替えて子どもをほめろということではない。

教員が通知表の記入に当たってそのような読み替えを求められるのも、保護者からクレームが来ることを学校側が怖れているからである。

ある教員は、「子どもの後ろには親が立っていると思って子どもと接するように」と学校から言われているという。つまり、子どもが教師の言葉尻をとらえて親に言いつけ、親がクレームをつけてくることがあるので、子どもが反発しそうな言い方は決してしないように注意しようという意味なのだそうだ。

学校のルールに従うというしつけが家庭でなされていないため、こちらの言い分がまったく通じないと嘆く教員も珍しくない。たとえば、掃除をさぼる子に注意すると「手が荒れやすいから」と自分勝手な言い訳をしたり、「家では掃除なんかしなくていいのに、どうして学校でしなきゃいけないのか」「掃除をするために学校に来てるんじゃない」などと言い出す生徒までいるというのだ。わからせないといけないと思い、強く注意して不快を感じさせると、親に言いつけ、親からクレームが来たりする。親自身が、すでに厳しくしつけられていない世代だから、こちらの言い分が親にも通じないこともあるという。

「叱られることに抵抗がある」

叱られる経験の乏しい学生たちと、叱られること、あるいは注意されることについて改めて話してみた。すると、正当な注意であっても感情的に反発する傾向があることがわかる。

授業中、やる気のない態度を取っていたら、先生から注意されてムカついた。そんな発言をある学生がすると、自分もそういうことがあるという者が続く。

——だけど、授業中にやる気のない態度を取っていたら注意されて当然なんじゃないの？

「そうかもしれないけど、やっぱりムカつくよなあ」（周囲も次々と同意を示す）

——でも、自分の態度が悪いわけだよね？

「そう言われればそうですけど、注意されたときは感情的になっちゃいますよ」

「先生だって授業で言ってるじゃないですか。人間は理屈で動くんじゃなくて感情で動く面が強いって。注意されればだれだってムカつきますよ」

注意された自分が悪かったという実感はほとんどないようなのだ。そのあたりを再度強調して問いかけてみると、わりと冷静にものを言うタイプの学生が、こう答えた。

「先生たちの時代と違って、これまでに怒られたことがあまりないからじゃないですか。明らかに悪いことをしても学校の先生に怒られるっていうことはほとんどなかったから、怒られるっていうことにすごく抵抗があるんですよ」

自分たちの事情をこちらにわかるような言葉で説明してくれた。それに別の学生も呼応する。

「そうなんですよ。僕たちは怒られたことがないから。バイトでも、ミスをして怒られるたびに我慢できなくて辞めてる友だちがいるし」

確かに自分の周囲にもそういう友だちがいるという者が多く、やはり叱られ慣れていないと、たとえ自分が悪くて注意されたのであっても、感情的に反発してしまうのだろうということになった。

また、態度の悪さを学校で叱られてきていないから、叱られたときに何が悪いのかがわからないということもあるんじゃないかという意見も出た。

「私も、友だちを見ててそう思います。バイトで遅刻して、先輩からめっちゃ怒られてキレたっていう友だちがいるんですけど、これまで遅刻したってたいして怒られなかったから、遅刻するのがそんなに悪いことだって思ってないんだと思う」

「さっきから話を聴いてて思ったんだけど、自分はこれまでバイト先で叱られるたびに逆ギレしてたけど、親にも先生にも叱られたことがなかったから、叱られることの意味がわからなかったんだと思う」

注意されるということに慣れていないと、叱られる＝攻撃されているといった印象になるのかもしれない。

叱られ慣れていないため、「叱る―叱られる」という建設的な関わりを理解していない。そのため、「叱られる」＝「自分に気づきを与えてくれる」「行動修正のきっかけになる」といった発想がなく、「叱られる」＝「怒ってて感じ悪い」「ムカつく」ということで反発することになる。

親も先生も怒ってくれないけど、バイト先で怒ってくれる大人の人がいて良かったと思うという学生もいたが、そこで学ぶことのできる学生はごく少数なのではないだろうか。注意してもらうことによって自分の態度や行動を修正するということができないという点に、叱られ慣れていないことのデメリットがあるといえるだろう。「叱らない子育て」のお陰で、厳しいストレスにさらされずに育つ者が増えてきた。そのため、ストレス耐性が非情に低い。これが第一の弊害と言える。

人為的ポジティブ状態

「ほめて育てる」の第二の弊害として、自分を振り返る習慣が身につかないということがある。叱ると自信をなくしネガティブになるが、ほめると自信がつきポジティブになると言われる。だから、自己肯定感を高めるためにほめることが大切だとされる。それはほんとうだろうか。

ほめることで自己肯定感が高まるかどうかは後章でじっくり考えるとして、ここではほめられて人為的にポジティブになることのもつ危険性について考えてみたい。

最近の若手にやたらポジティブすぎる者がいて困るという声を聞くことがある。ミスをするたびにひどく落ち込むタイプも困るが、ミスをしてもまったく気にせず、同じようなミスを繰り返すタイプにも悩まされているという。

この手のタイプは、いくら注意しても染み込まず、「わかりました」と口では言うもものの、深く受け止めないため、同じようなミスを繰り返す。ある意味でポジティブすぎて慎重さが足りないのだ。

かつてはネガティブすぎて、「そんなに気にしすぎなくていいよ。もっと気楽にいこう」と励ましたくなるタイプが目立ったものだが、最近では「なんで気にならないんだ。少しは気にしろよ」と言いたくなるタイプも目立つ。今の時勢を考えると、うっかりそんなことを言おうものなら大変なことになりそうだが。

至らない点があっても、修正すべき点があっても、そこをはっきりと指摘されずに、ほめられてばかりいたら、いつまでもそれらは修正されない。だから本人は自分の弱点や能力の現状を把握できず、勘違いだらけの人間になっていく。

「態度が偉そう」が「器が大きい」に？

若手部下をどう扱ったらよいかわからないという上司が増えていることに目をつけて、部下のほめ方を教えるという商売が出てきた。もうけっこう広がりをみせているようで、企業向けの「ほめ方の研修」も盛況だという。新聞にも「ほめ方の研修」が紹介されていた。

その研修では、「部下をほめる達人になるために、部下の短所を長所に言い換える練習をする」（「朝日新聞」２０１４年11月26日朝刊）らしい。

例えば「決断力がない」という短所は、「周囲の意見を聞ける」という長所としてとらえるようにするという。

これは何かに似ていないだろうか。先述した、学校の通知表である。「ほめて育てる」の弊害が会社の内部にまで及んでいるわけだ。

あるビジネス誌の特集でも、こんな読み替えを勧めていた。

「意見を聞かない」　→「こだわりがある」
「態度が偉そう」　→「器が大きい」
「図々しい」　→「度胸がある」
「雑な性格」　→「おおらか」（「日経ビジネス」２０１３年４月15日号）

ここまでする理由のひとつは、「うちはブラック企業だ」といった悪評を広められないためだそうだ。そこで若手社員を萎縮させない言葉の言い換えが必要だというのだ。

これを見て、じつに笑わせてくれるギャグだなと思ったが、これを真に受けて実践している企業があるとしたら、怖ろしいことだ。笑っていられない。

たとえば、人の「意見を聞かない」部下に対して、君には「こだわりがある」とほめ続けたら、人の意見を聞くようになるだろうか。「態度が偉そう」な部下に対して、君は「器が大きい」と伝え続けたら、ますます態度が大きくならないだろうか。何かにつけて「図々しい」部下に対して、「度胸がある」なあというのは、相手によっては嫌味に取るだろう。「雑な性格」の部下に対して、君は「おおらか」だなあと言っていたら、雑な仕事の仕方はちっとも変わらないのではないか。このような過剰対応をしていたら、どのような社員が育っていくのか、不安にならざるを得ない（詳しくは拙著『「過剰反応」社会の悪夢』角川新書、を参照いただきたい）。

ここには心理学の知見の誤用がみられる。私は、心のケアの場面や自己否定している人を勇気づける方法として、このような言い換えを推奨してきた。たとえば、「私は優柔不断だからダメなんです」という人には、優柔不断という短所の裏にある「慎重さ」という長所に目を向けてもらうような言葉かけをする。だが、これを日常使いにするのは誤りだ。このことはまた後述したい。

楽しいことしかやりたくない

ほめることに付随する厳しさの欠如は、「頑張ることができない心」を生み出すという形でも悪影響を及ぼしている。

子どもたちに不快な思いをさせたくない。不満をもたせたくない。それは思いやりなのかもしれないが、そのような甘さが「頑張ることができない心」を生み出し、「やらなければいけないのはわかってるけど、やる気がしない」「このままじゃダメだって思うのだけど、意志が弱くてすぐに流されちゃう」といったかたちで若者たちを苦しめている。

「学校が楽しくない」という子どもたちの声によって、「楽しい学校づくり」などということを大人が言い出す。「勉強がつまらない」という子どもたちの声によって、「楽しく学べる場にしよう」などと大人が言い出し、子どもたちにラクをして学ぶことのできるような教材づくりや教授法の考案が一生懸命工夫される。

子どもたちにイヤな思いをさせないためにできるだけ叱らず、良い気分になれるようにできるだけほめて育てようという姿勢が、あらゆる厳しさを排除する。勉強するにも子どもたちに強制するのはかわいそうだから、興味のない勉強を無理やりさせるのはやめて、できるだけ子どもの興味を引き出すように心がけようということになる。

私も、そのような雰囲気の中、学生たちの興味を引きつける工夫をして、モチベーションを上げさせるように心がけてきたし、学生たちとの楽しい学びの場をつくろうと積極的に動いてきた。なぜなら、子どもの頃から厳しさを植えつけられていない学生たちには、そうするしか効果的な教授法はないと思ったからだ。

だが、もし自分がもっと幼いころから教育を担えるとしたら、そんなことはしなかったと思う。このような一見親切な教育によって、子どもたちは、「好きなことだけやればいい」「興味のないことはやりたくない」「好きでもないことはやる気になれない」「楽しくないことをやらされるとムカつく」といった心を植えつけられていくからである。

好きなこと、楽しいことなどだれでもできる。好きなこと、楽しいことをするのに何の努力もいらない。そうしているうちに、努力するという姿勢がなくなる。好きなこと、楽しいことだけしかやれない心の持ち主になってしまったら、人生を前向きに生きていくことができなくなる。

人生は楽しいだけではない。苦しいこともある。思い通りにならず、辛い思いをすることもある。そんなときも自ら状況を打開していかなければならない。好きなことしかしたくない、楽しいことしかできないという心になってしまったら、愚痴だらけの苦しい人生になってしまうだろう。

それに加えて、できることが増えればやりたいことも変わってくるということがある。まだ不勉強で未熟なうちは面白くないばかりか苦痛であった作業も、習熟してくると楽しくなり、もっと技術を磨きたくなるというようなことは、よくあるはずだ。今すぐに好きなこと、楽しいことしかやらないということだと、さまざまな可能性を閉ざして自分の世界を狭めてしまうことになる。

勉強が楽しくないのは教材のせいだと考え、安易に教材を工夫する大人がいるが、勉強が楽しくないのは本人の心の問題であることが多い。本がつまらないという子は、本を楽しむ心が培われていないのだ。テレビで楽しんでいるうちに、本で楽しむ心が育たないままになってしまう。本が悪いのではない。

友だちから「この本、面白いよ」と言われて読んだものの、面白くなかった。友だちから「この映画良かったよ」と勧められて観たけど、つまらなかった。友だちにとっては面白い本が自分には面白くない。友だちにとって感動的な映画が自分にはつまらない。そのようなことはだれもが経験しているはずだ。結局、本も映画も、それを楽しめるかどうかは、何に関心があるか、どんな問題意識をもっているかで決まるのであり、心のあり方の問題なのだ。

ゆえに、勉強がつまらないという子がいるからといって、今の勉強の内容や教え方が悪いのではない。学ぶ心の欠如が問題なのだ。心構えの問題が大きい。

ラクをしてできるようになりたい。努力しなければならないことはしたくない。好きなことはしたいけど、好きじゃないことはしたくない。楽しいならいいけど、苦しい思いをしてまでやりたくない。不愉快なこと、不快なことは我慢できない。そのような心をつくっているのが、「努力いらず」の文化を広めることで子どもの心から学び体質を奪っていく大人たちなのである。

新渡戸稲造が『武士道』で紹介している日本の文化に根づいた克己心などまったく否定するような教育やしつけが今の日本では行われているのである。

こんなことになってしまったのも、子育てや教育の場に「ほめて育てる」という思想が浸透したことによる。

親も学校も、力強く自分の人生を切り開いていく力をつけさせることをせずに、ほめるばかりで現状肯定を促す働きかけをしてきたため、学校でも職場でも鍛えるということができず、傷つけないように腫れ物に触るようなことになってきている。これでは本人は力をつけて成長していくことができないし、納得のいく人生にすることができない。頑張った後の爽快感を味わう喜びを奪ってしまった大人の責任は大きい。これが第三の、そして最も大きな弊害だ。

こうした事態が生じていることを、子どもや若者に関わる誰もが薄々気づいている。だが、軌道修正するどころか、さらにその方向を強化しようとしている。

第2章

欧米の親は優しい、という大誤解

寝室は別、風呂も別々

学生たちと話していると、日本より欧米の方が自由だと思っている者が圧倒的に多い。「欧米の方が親は厳しく、子どもは言うことを聞かなければならないのだ」と言うと、信じられないといった反応になる。

メディアの報道は常に偏っている。欧米の表面上の自由さばかりを伝え、その背後にあって自由を支えている厳しさについてはほとんど伝えることがない。そうした表面的な報道のせいで、日本の子どもや若者の現実認識が進まないのであろう。ただし大人の認識も、学生たちとさほど変わらない。

じつのところ、欧米の親は厳しいどころか、子に対して強大な権力者として君臨している。そのことに気づいていない日本人があまりに多い。

2014年に刊行された『フランスの子どもは夜泣きをしない――パリ発「子育て」の秘密』（パメラ・ドラッカーマン著、鹿田昌美訳）は日本の親によく読まれているという。夜泣きに悩まされる当事者には気にせずにいられないタイトルなのだろう。

本書はアメリカ人ジャーナリストがフランスで子育てして得た知見をまとめたものだ。

だが、これを読んで、すぐ実行しようと思う日本の親はあまりいないのではないだろうか。

「最初にアドバイスするのは、赤ちゃんが産まれたら、夜にすぐにあやすのはやめてください、ということです。赤ちゃんにすぐに応じずに、赤ちゃんが自力で落ちつくチャンスを与えてやる。産まれたばかりのときから、そうするのです」

「フランス人は、赤ちゃんが途方もない苦痛に耐えるべきとは思っていない。だけど、多少のフラストレーションで子どもがつぶれるとも思っていない。むしろ、子どもがより安定すると信じている」

「夫婦がなによりも大切だわ。だって、自分で選べるのはパートナーだけよ。子どもは選べないもの。夫を選んだのはあなたよ。だから、彼との生活を大切にしなきゃ」

「フランスの親は、子どもが家にいるときでさえ、『カップルの時間』をつくっている。三歳から六歳まで三人の子どもがいる四二歳の女性は、週末の朝は『私たちがドアを開けるまで寝室に入らせない』と教えてくれた。子どもたちのほうも、それまでの時間は、子どもだけで遊ぶようになったそうだ」

「子育てガイド『Votre Enfant（あなたの子ども）』には、『こうして子どもは、自分が世界の中心ではないことを学びます。それは、子どもの発育に欠かせないことです』と書いてある」（同書）

読むと明らかなように、フランスでは日本とは対照的に、親が子どもに合わせるといった姿勢は乏しく、赤ちゃんのうちから親の都合を教え、親に合わせることを教え込むのである。泣いても放っておかれるため、泣いても無駄だと諦める。だから、子どもは夜泣きをしなくなるし、長じてからもわがままを言わなくなるわけだ。

子どもが幼いうちは親子が一緒に寝る日本とは、様相も親子の心理的距離も大きく異なると考えられる。日本の乳幼児は、夜中に目が覚めたり、怖くなったり不安になったりすれば、すぐ横に寝ている母親にすがりついて安らぐことができる。欧米の乳幼児は、大声で泣き叫んでアピールするしかない。はたして、私たちに乳幼児を別室に閉じこめるようにして寝かせることができるものだろうか。

あまり知られていないが、欧米では入浴も別々である。風呂に浸かる習慣の違いが一因にもなっているが、フランスでは入浴は「一人でする行為」であるのが常識といい、ある小学校では日本人の子どもが「お母さんと一緒に入った」とうっかり口にしてしまい、警察に通報が行く騒ぎもあったという。

アメリカも事情は同じで、在ニューヨーク日本国総領事館は在留邦人に向けて次のように注意を喚起している。

「米国において入浴は、プライバシーが強く保たれるべき行為であり、例え親子であっても一緒に入浴することは、非常識な行為と見られ、時には子供に対する性的虐待とみなされる場合がありますので、注意しましょう」（同総領事館HP、安全の手引き）

プライバシーに、非常識な行為。日本の親には考えもつかないのではないか。せわしない日常生活でも、一緒に風呂につかる時間は大事にしているという親も多いはずだ。ここまで文化的背景が違えば、ほめることの意味も大きく違っているはずであろう。

本章では、欧米社会と日本社会の親子関係を比較することで、「ほめて育てる」の効用と弊害を考えてみたい。

厳選し切断する父性原理、やさしく包み込む母性原理

「ほめて育てる」に関連する文化的背景の違いは、序章でも触れた父性原理、母性原理の概念で説明できる。それらについて整理してみよう。

ユングは、母性的なものに関して、つぎのような特徴をあげている。

・女性的なものの魔的な権威
・慈悲深きもの、庇護するもの、担うもの
・成長と豊穣と糧を恵むもの
・魔的な変貌、再生の場所
・人を助けようとする本能あるいは衝動
・秘めやかなもの、隠れたもの、暗いもの、深淵、死者の国
・呑み込み、誘惑し、毒するもの、不安を起こさせ逃れ得ないもの

これらをまとめて、母性的なもののもつ三つの本質を指摘している。

①慈しみ育てる慈愛
②狂乱の情感性
③冥府的な（死後の世界のような）暗さ

①はまさに母性の主体である、温かく包み込むやさしさを指すものといってよいだろう。②は母性にみられる情動の激しさを指し、③は母性の否定的な面、つまりしがみつき呑み込んでまでも自立を妨げる性質を指すものといえる。

母性原理がもともと強い日本では、厳しさが薄れることにより③のような母性の否定的な面が強まり、子どもたちの自立に向かう力が弱まり、ひ弱な心が育つことが危惧される。

日本の社会を「母性社会」と呼んだユング心理学者河合隼雄は、父性原理中心のキリスト教社会と母性原理中心の日本社会を対比している。

父性原理の特徴は、切断する機能にある。良い子と悪い子を区別し、強い子と弱い子を区別し、できる子とできない子を区別する。

そのため、父性原理が機能する社会では、能力や個性によって個人を区別するのは当然のこととみなされ、能力の乏しい者や成果を上げられない者は、あっさりと切り捨てられる。勉強ができない学生が進級できず、ときに退学させられ、仕事のできない社員が降格になり、ときにクビを切られるのは、ごく当然のことだ。このような父性原理が機能することで、人々は強く有能な人間へと鍛えられていく。

一方で母性原理が機能する社会では、個人が何らかの基準で区別されることはなく、能力の乏しい者も成果を上げられない者も、けっして切り捨てられるようなことはない。母性原理の特徴が包含する機能にあるためだ。

学校ではみんなの能力を底上げして落ちこぼれを出さないことが重視され、会社ではできない社員を周囲がカバーすることが求められる。このような母性原理が機能することで、協調的でやさしい人間が育まれていく。

アメリカは体罰賛成が7割

日本では、協調性が重んじられ、集団に溶け込むことが必要とされるが、これも母性原理によるものといえる。個性的に振る舞ったり自己主張したりして自分を際立たせるよりも、みんなに合わせて目立たないようにすることが望ましい。みんな一緒ということが大事となる。

欧米社会と違って、学校で原則として飛び級がないのも、母性原理によるものだ。同じ年齢の子は、能力に関係なく同じ学年で同じように扱われるべきだという考え方が根強い。それでは能力のある子が不満をもつだろう、あるいは成長の機会が失われかねないという発想よりも、そうでないと能力のない子がかわいそうといった感受性の方が強い。ゆえに、相応の学力に達しなくても、「頑張ってるから」と進級させたり、単位を与えたりということが、当然のように行われる。

ここでしつけの厳しさに目を転じると、アメリカは父母ともに父性的な厳しさをもつ。キリスト教の思想も性悪説に立っており、子どもは厳しく、正しい道に導いていくべきと考えられている。その厳しさが行き過ぎて、1970年代までは子どもの虐待が目に余るほどであったため、子どもの人権を守る運動が起こった。その後、子どもに対する虐待防止が意識され、体罰より言葉で説得することが推奨されるなど、しつけの過酷さも低減してきているが、相変わらず父性の厳しさが強いのは文化的な特徴と言える。

シカゴ大学が2014年に実施した「子どものしつけに対する意識調査」によれば、体罰に賛成という者が、18～29歳で74％、30～39歳で73％、40～49歳で70％、50～64歳で68％、65歳以上で64％となっており、アメリカでは10代の若者も含めてすべての年代で7割前後が体罰に賛成している。

あきらかに子どもが悪い場合でも、一般的な体罰はもとより、正座させるというようなことでも体罰とみなし禁止するようになった日本と比べて、180度意識が違うことがわかる。

日米の母子のかかわり方を比較検討したコーディルは、アメリカの母親の方が赤ん坊への働きかけが積極的で、話しかけも多いことを見出した。それに対して、日本の母親は、赤ん坊を抱いたり、静かにあやしたり揺すったりすることが多く、アメリカの母親のように盛んに話しかけたりしない。

赤ん坊が眠ると、アメリカの母親は別の部屋に行くことが多いが、日本の母親は赤ん坊が眠っていてもおんぶしたり、抱っこしたりし続けることが多かった。

親子別室のアメリカでは、夜間は赤ん坊の部屋のドアと両親の部屋のドアをそれぞれ少しずつ開けておき、赤ん坊の泣き声が聞こえるようにしておくのが一般的だという。何か異常があったときにわかるようにという方策であろう。

どんなに赤ん坊のことが心配であっても、あくまでも別室にこだわるほど、親は子どもとの間にしっかりと距離を保とうとする。

たとえば子どもをベビーシッターに預けて、夫婦だけがディナーを楽しむという発想、夫婦の世界から子どもを排除するような感受性は、日本にはないのではないだろうか。

日米の調査結果をもとに、アメリカの親の子に対する「働きかけ」と日本の親子の「一体感」が、次のように対比されている。


「アメリカの母親には、自分と乳児との間に、はやくから身体的距離を作りだし（つまり、母と子が身体的にはなればなれになり）、その距離を、乳児に盛んに話しかけること（言語的コミュニケーション）や、体の位置や格好をなおすことなどの積極的な「働きかけ」によって、橋わたしをする傾向がある。これに対して、日本の母親は、乳児との身体的接触を長く継続し、乳児との「一体感」を保つ傾向が強い。母親と乳児との一体感があればこそ、アメリカでのように、母親が乳児に話しかけたり、働きかけたりする必要がないのだともいえるかも知れない」（我妻洋、原ひろ子『しつけ』）

日本人母子の心理的一体感

アメリカで子どもをよくほめるのは、赤ん坊の頃から親と子は切断され、両者の間には超えられない溝があるため、言葉で愛情や励ましをたえず伝えていかないと、心がつながっていかないということがあるのではないか。

それに対して、日本では、親と子は非常に近い距離を取り、心理的にも一体感をもっているため、あえて言葉で愛情や励ましを伝えなくても、すでに心はつながっている。

心理学者の根ヶ山光一は、食事するときの日英の母子関係を比較し、乳児に離乳食を与える際の共感反応が、日本人の母親に非常に多いことを発見している。乳児がもぐもぐしているときに、日本の母親は一緒になって口唇を動かす反応が多かった。このことは、日本の母子の間に強い心理的一体感があることの証拠と言える。

この心理的一体感は、幼い時だけのものではない。親子間にも限らない。

少し話は飛ぶが、漱石の『坊っちゃん』の主人公は、自分の片割れだと思っている下女の清には借りがあっても返そうとしないのに、対立しているつもりの同僚山嵐には小さな借りも残したがらない。それは、一体感のある間柄では、いちいち「ありがとう」と感謝の気持ちを言葉にしたり、相手のことをほめたりするのは、他人行儀で必要ないといった感受性が日本文化には根づいているからだと考えられる。

また、日本人が当たり前にしている「察する」ということにも、心理的一体感が大きく関わっている。次に示すのはある国文学者の回想だ。


「もう三五年も昔のことである。大学の国文科の合格者発表がすんだあと、わたしは、高校三か年を過ごした町の城址で画架を立てていた。そこへ、老教師（引用者注）が通りかかった。ハンチングを取って挨拶すると、老教師は言った。

『あなたがねえ。』

わたしに、このことばの意味がわかった時、老教師の姿はもう一〇〇メートルも先を歩いていた。

当時は、大学にはいるとすぐ角帽をかぶるのが普通だった。そういう、一種のエリート意識に反発してわたしがハンチングをかぶっていたので、老教師は、てっきり試験に落ちたに違いないと思ったのである」（岡部政裕『余意と余情――表現論への試み』）

ここでは、老教師が発したのがいたわりの言葉だったことが、すぐには理解できなかったときのことが述べられている。

岡部は、ある言葉を理解するには、言葉以前のもの、あるいは言葉に表現されないものが、前提として理解されていなければならないという。この例で言えば、試験に落ちて気の毒だと思い込んでいた老教師の気持ちを察することができない限り、「あなたがねえ」の意味はわからない。

岡部は、さらにつぎのように続けている。

「ことばによる表現とは、表現されないものがまずあって、その全体のほんの一部分が、音声・文字などに感覚化されたものである。したがって、表現されたものを通して、表現されないものまで理解することが要求されるのである」(同書)

親子が切り離されず渾然一体として溶け合っている日本的な母性社会では、ほめる前からすでに甘えによる心の交流がイヤというほど行われている。もともと心理的一体感があるのだから、親子が愛してるなどと言い合う必要はない。親がいちいち子をほめなくても、親の子に対する愛情は十分に伝わっている。濃密な心の交流がある。そのため甘やかしが起こりやすく、厳しい父性をタテマエとして掲げることで、甘さを中和してきた。むしろ、心の中では子どもの活躍が嬉しくてたまらないのに何でもないフリを装うなど、言語的に距離を取ることでも、心理的密着の弊害を防いできた。

そこに「ほめて育てる」という思想が入ってきた。文化的伝統の違いをまったく考慮せず、海外のやり方は何でも素晴らしい、日本は遅れてると言いたがる浅い専門家や評論家が、その思想をもてはやし、日本の教育界にも広まっていった。

そこで大混乱が起こったのではないだろうか。日本的な母子一体感と「ほめて育てる」が合体し、子どもにとって最強の甘い関係ができあがったのである。このことが子どもや若者の心の発達にさまざまな問題を引き起こしていると考えられる。

突然、怒鳴ったシンディー

先に紹介したように、日本では子どもを叱りづらいのに比べて、欧米社会では大人と子どもを厳しく区別し、両者の間にけっして乗り越えられない溝と上下関係がある。子どもは近所のおばさんに対してさえ、「ミセス○○」と敬称を使わなければならない。

両者の区別が曖昧で、溶け合っている日本のように、子どもだからと甘やかすようなことはない。
子ども時代にアメリカで暮らした日本人社会学者は、アメリカ人の権威的な物言いのきつさに違和感を覚えた体験について、つぎのように記している。

「ある春の日、六歳の私は、母とシンディーという女性に連れられてドライブに出かけた。母が運転し、隣りにシンディーが座り、私は後部座席で窓ごしに外の新緑を眺めていた。突然、新緑の薫りを胸一杯吸いたくなった私は、窓を降ろしはじめた。その時、顔を半分私のほうに向けながら、いかにも権威を持った口調でシンディーが、『いたずらは止めなさい！』と怒鳴ったのである。そこには、自分の命令を聞かないなどとは言わせない、という威嚇的な雰囲気があった」（恒吉僚子『人間形成の日米比較――かくれたカリキュラム』）

外気を入れようとしただけなのに、いたずらときめつけて怒鳴られた。自分の親からは、こんな理不尽な叱られ方はしないから、反論しようとする。

「その言葉を遮って、シンディーはさらに厳しく、『言う通りにしなさい！』と有無を言わせない口調で申しわたしただけであった。会話はここで終わった。シンディーにとっては、ここで一件落着したのであろう。だが、私にとっては腑に落ちない。にもかかわらず、シンディーの指示に従わないわけにはいかない。なぜか？　それは彼女が大人だからである。したがって、私としては力の差を見せつけられた形で引き下がることになったのである。

するといろいろな思いが脳裏を駆けめぐる。シンディーはいつになくお洒落をして髪もセットしてきた。もしかしたら、セットを崩したくなかったのではあるまいか。それならば、なぜそう言わないのか……。自分が大人ならば、シンディーにこのような扱いを受けずに済んだかもしれないなどと考えると、なおさら、腹が立ってくるのである。

これが、もしわが家の出来事であったならば、どうなったか。おそらくは、『他の人が寒いでしょ……』などと言われ、〈自分のせいで誰かに風邪でもひかせたら大変だ〉などと慌てて窓を閉めたに違いない」（同書）

アメリカでは、子どもとして納得できない叱られ方をしても、反論を許さないような権威を大人がもっている。「大人だから正しい」というわけだ。

ここで注目すべきは、アメリカの母親は「自分の権威」を中心に動いているのに対して、日本の母親は「子どもの気持ち」を中心に動いていることである。子どもが生まれると、夫婦がお互いに「お父さん」「お母さん」と呼び合うようになるのも、子どもの立場からものごとをみようという姿勢のあらわれと言える。欧米でそんな呼び方をしたら、「私はあなたの父親（母親）ではない」などと即座にたしなめられるに違いない。

アメリカでの体験を記した恒吉僚子は、自分が大人であるという権威にしつけの拠り所を求めるアメリカ流のやり方を権威型叱責法、子どもの感情や罪悪感に訴えることで行動を変えさせようとする日本流のやり方を感情型叱責法として、両者を対比させている。ただし、私としては、感情型というと感情にまかせて怒るようなニュアンスに誤解される怖れもあるので、日本流の叱り方は、気持ち重視型叱責法とする方がよいのではないかと考えている。

ではつぎに、日本流の叱り方について詳しく検討してみよう。

「お願いだから言うことを聞いてちょうだい」

恩師である教育心理学者東洋《あずまひろし》らが行った日米母子比較研究の成果をみると、子どもが言うことをきかないときの親の対応に日米の対照性がよくあらわれている。

アメリカの場合は、親としての権威に訴えて、「食べないとダメでしょ」「言うことを聞きなさい」などと、理由はわからなくてもとにかく親の言うとおりにさせようとする母親が50％と圧倒的に多かった。そのように親としての権威に訴えて、有無を言わさず従わせるという母親は、日本では18％しかいなかった。

日本で37％と最も多かったのは、「ちゃんと食べないと大きくなれないよ」「野菜を食べないと病気になって遊べなくなるよ」などと、言うことを聞かないとどういう望ましくないことがあるかを理解させようとする母親だった。このような母親は、アメリカでは23％と権威に訴える母親の半分以下だった。

日本にはほかにも、「せっかくつくったのにお母さん、悲しいな」「ぶつけられたお友だちは痛いでしょ、○○ちゃんがされたらどう思う？」などと、相手の気持ちに目を向けさせようとする母親も22％いるが、アメリカではそのような母親はわずか７％しかいなかった。

つまり、子どもが言うことをきかないとき、アメリカの母親は有無を言わさずに言うことを聞かせるのに対して、日本の母親はなぜ言うことを聞かなければならないかの理由を説明したり、相手の気持ちに目を向けさせる。そんな違いがみられたのである。

さらに、子どもがあくまでも言うことを聞かないときはどうか。調査結果を見ると、「食べなさい」「食べなければダメ」「食・べ・る・のっ」としだいに強制力を強めていくアメリカの母親に対して、日本の母親は、「食べなさい」「食べてちょうだいよ」「少しでいいからね」「明日は食べるね」などと、子どもに対してしだいに譲歩していく。こうした譲歩は、アメリカ的には親としての権威の失墜、あるいは責任の放棄ということになり、あってはならない態度とみなされるはずだ。

前掲の『フランス人の子どもは夜泣きをしない』は、権威を示す際のヒントにも触れている。怒鳴るのではなく、目を大きく見開いて説く。その名も「フクロウの顔」というそうだ。フランスの親は、しつけが厳しいことが自慢であり、親は子どもに対して絶対的な権力者でなければならないと考えている。「フクロウの顔」も、その迫力のある表情によって、主導権が自分にあることを示すものだという。

日本の場合、言うことを聞かない子に対してはフクロウの顔どころか、次のように言ったりする。

「お願いだから言うことを聞いてちょうだい」

親子の間の権力関係を前提としているアメリカ人やフランス人からすれば、なんで子どもにお願いしなきゃいけないんだ、それでは親の権威が崩れてしつけなんてできないじゃないか、と一笑に付されるのではないだろうか。

「言うことを聞いてちょうだい」方式は、日本でも間接的でわかりにくいと批判されたり、毅然としていないとか、社会規範をきちんと教えていないなどと言われることもある。そうでない場合でも、その良さを評価する声をあまり聞かない。

だが、この注意の仕方には、行動規範が内面化されるという利点がある。

大人の権威に無理やり従わされて我慢した場合は、仕方なく我慢させられたわけで、自発的な改善でないため、その行動は定着しにくい。権威によって見張られたり強制されたりしなければ我慢しない。つまり禁じられたことでも、罰せられる怖れがなければ平気でしてしまう。

それに対して、大人から投げかけられた言葉をヒントに自分で考えて我慢した場合は、自分から進んで我慢することを選択したのであるから、その行動は今後も起こりやすくなる。つまり、望ましい行動が定着しやすい。

公的マナーを仕込まれているはずの国々でも、災害時となれば暴動や略奪が当たり前のように起こる。だが日本ではそのようなことが起こりにくく、助け合いや譲り合いが起こるのが海外メディアから賞賛されたりするのも、こうしたしつけ方が影響しているのではないだろうかと考える。

先に述べたようにアメリカでは、心理的に切断されている親と子を言語によって橋渡しして厳しさを中和するという意味で、積極的にほめることが推奨されてきたが、根っこのところにある親の権威は失われていない。そんなアメリカよりも、もっと親が強い権力を持ち続けているのがフランスなのだろう。

誤読してはいけない『子どもが育つ魔法の言葉』

批判ばかりされた子どもは
非難することをおぼえる

殴られて大きくなった 子どもは
力にたよることを おぼえる
笑いものにされた 子どもは
ものを言わずにいることを おぼえる
皮肉にさらされた 子どもは
鈍い良心の もちぬしとなる
しかし、激励をうけた 子どもは
自信を おぼえる
寛容にであった 子どもは
忍耐を おぼえる

賞賛をうけた 子どもは
評価することを おぼえる（宮内庁ＨＰ）

２００５年２月、皇太子殿下は誕生日に際した記者会見でこんな詩を読み上げた。アメリカの教育家、ドロシー・ロー・ノルトによる「子ども」という作品で、スウェーデンの中学校の教科書に収録されていることにも触れられた。ノルトによる共著書『子どもが育つ魔法の言葉』は、１９９９年に翻訳されて以来広く読まれていたが、この会見をきっかけに子育て中の親たちにますます読まれるようになった。

「ほめて育てる」思想の普及に影響したとされるこの本を、子どもとの心理的一体感を強く持つ日本人の親はどう読むべきか。もちろん、ここまで述べてきた文化的背景の違いを踏まえていなければならない。だが、実際には、どうだったのだろうか。

この本に書かれているのは、しつけの基本中の基本であり、ごく常識的なことといってよい。「ほめて育てる」というよりも、言葉でほめることをしながらも、愛情をもって厳しくしつけることを推奨するものである。ただ、もともと子どもに厳しすぎる欧米の親向けであるため、つぎのような記述は日本の親には注意が必要である。

「できるだけ、事情が許すかぎり、子どもに歩み寄ってください。ケイトのお母さんは、ケイトの要望を尊重し、聞き入れました」

「こんな積み重ねが、子どもが思春期に入ったとき、ものを言うのです。子どもが、自分の親は気持ちを受けとめてくれる親だ、信頼できる親だと思っていれば、将来、何か問題が持ち上がったときにも、親に相談し、一緒に解決してゆこうと思うようになるのです」（同書）

これは、アメリカの親が普段から毅然としており、子どもに対して絶対に譲らない権力者として君臨しているため、衝突したときには子どもの意見を尊重し歩み寄るようにとアドバイスしているものだ。毅然としているために、ときに子どもに歩み寄ることがあっても、子どもからすれば頼れる親だということになるのである。いつも「聞き入れる親」「気持ちを受け止める親」になるように、ということではない。

子どもがだれかを傷つけたり、わざと物を壊したりしたときの対処法については、次のようにアドバイスしている。

「まず、『そんなことになると分かっていたら、許さなかった』と、子どもにきっぱり言うべきなのです。そして、なぜそんなことになってしまったのかを考えさせ、自分の行為を恥じさせ、反省させなくてはなりません。ときには、同じ失敗を繰り返さないように罰を与えることも必要でしょう。けれど（中略）子どもを責め、厳しく叱りすぎると、子どもは自信を失い、自分をだめな人間だと思うようになってしまいます。あまりにも厳しく子どもに接するのはよくないことです」（同書）

ここを読めば、この本がけっしてほめるばかりで叱らない子育てを勧めているのではないのは一目瞭然であろう。むしろ、子どもをきちんと叱り、ときに罰を与えてでも善悪を教え込まなければならないという。ともすると厳しくなりすぎるアメリカの親に対して、厳しく叱りすぎるのはよくないと言っているのである。

「一番大切なことは、親の同情を引けばわがままをとおせるのだと子どもに思わせないように注意することです」（同書）

このメッセージは、それが当たり前の欧米の親は読み流してしまうかもしれないが、日本の親はぜひ胸に留めてほしい。これに抵触する態度をついとってしまう親が非常に多いのではないだろうか。

日本のように、普段から毅然とすることがなく、権力者として君臨することもない状況で、ただ甘く歩み寄ったりしていたら、子どもから見てけっして頼れる親とはならない。

欧米における「親と子の約束」

同書は、ルールや約束事を例外なく守らせるという欧米流の子育ての基本も説く。

「約束事はきちんと守る——幼いころから身につけたこのような習慣は、子どもが難しい思春期に入ってからは特にものを言います。（中略）子どもと無理のない約束をし、その約束をきちんと守らせるのです」（同書）

本書の冒頭で、教育評論家の尾木直樹が、「子どもが守れそうな約束」をして、守ったら大いにほめてあげるべきだが、子どもが約束を「守らなくても叱ってはいけない」と主張していることに触れた。もちろんこちらには子どもと「予め守れそうな約束」をすることなど、出てこない。そうした子育てとは正反対の姿勢がここにはみられる。

「家庭内のルールを守る習慣がついていれば、子どもは学校や職場の集団生活でも、より順応性を示します。家庭内でルールを守らせるということは、子どもが社会の一員として生きてゆくうえで、とても大切なことです。（中略）わたしたちの社会生活においては、ルールや約束事を守ることはぜひとも必要なことです。それを家庭で、日頃から子どもに教えてゆければと思います」（同書）

日英の子育て比較をしている前出の佐藤淑子は、イギリスの幼児学校（5〜7歳、日本の幼稚園の後半から小学校の初めに相当）ではクラスの統制が非常に重んじられているという。ルールへの従順が、イギリスの幼児期の教育の目標の中枢にある。ルールはルールとして、一度定めた以上は、子どもがこれを受け入れるのは当然とみなす。

アメリカでもイギリスでも、当然のこととして、念頭に置かれているのは将来の社会生活への適応と言えるわけだが、今の日本の親にそれができているだろうか。目の前の子どもの笑顔が見たい、子どもが不満に思うようなことは言いたくない、というような教育的配慮のない姿勢が根底にありはしないだろうか。

その結果が、学校でルールや約束事を守らない子どもの増加となってあらわれ、教育現場の混乱、親や教師の教育力の低下を招いている。就職してからも、職場のルールを平気で破り、それを注意されると「傷ついた」「パワハラだ」と騒ぎ立てるといったことも続出している。

もちろん本人に悪気はない。本気で被害者意識さえもっていたりする。ルールを守らなければならない、ルールは絶対だ、といった価値観を植えつけられていないのだから。そこが問題なのだ。

モラルの基本を植えつける

幼いころからモラルの基本を植えつけることはなぜ大切なのか。『子どもが育つ魔法の言葉』にはそれもはっきり説かれている。

「子どもが十代になると、生活の中心は友だちに移ります。（中略）だからこそ親は、子どもに対して日頃から、何が正しく何が間違っているか、きっぱりした態度を取らなくてはならないのです。なぜなら、親から教えられたモラルの基盤がなければ、子どもは、十代になっても、自分自身で正邪の判断を下すことができなくなってしまうからです」（同書）

日本では10代の子どもが言うことを全然聞かないなどという嘆きを聞くが、それは誰のせいでもなく親の責任ということになる。思春期になる前に、幼いうちに、しっかりとした価値観を植えつけてこなかった結果なのだ。

ただし、「子どもを責め、厳しく叱りすぎると、子どもは自信を失い、自分をだめな人間だと思うようになってしまいます」（同書）というように、もともとアメリカでは親が厳しすぎるために、注釈が加えられているのである。

自由と権利の代償

イギリスでの生活をもとに子育ての日英比較を行っているマークス寿子は、最近の日本では自由と権利についての勘違いが目に余るとし、つぎのような指摘をしている。


「自由と権利というものは、一人前の人間のためにだけあるもの（中略）自由と権利を行使したいなら、自立していなければいけない」

「自由には責任がともなうし、権利には義務がともなう」

「責任をとれる人というのが一人前の人間」

「自分に自由を行使するだけの能力や資格がある、あるいは成熟度があるということを見せる必要があるということが、自由や権利を考えるにあたっていちばん大事な点だと思う。だから、自由は子どもが将来大人になってから獲得できるものであって、そのために子どものときから努力する必要があるということを、子どもを育てる親は知っておかなければならない」（『ふにゃふにゃになった日本人――しつけを忘れた父親と

　このような記述を読むと、日本の多くの親の無自覚さを思わざるを得ない。子どものときからむやみに尊重し、自由を与えたりするものだから、責任をもって生きられるようにならなければといった覚悟もなく、自立に向かって成長していくということがない。勉強する、知識を身につけ試験やレポートで成果を示すといった義務を果たさないのに、単位を落とされると教え方が悪いとクレームをつけたり、毎回出席していたのになぜ落ちるんですかと憤る学生。そのおかしさを教え込む以前に、親自身が勘違いしていたりすることも少なくない。親自身がその親から教え込まれていないのだ。

「うちの子は頑張ったって言ってます。何で落とすんですか」

「就職が内定してるのに落とすなんておかしいじゃないですか。ちゃんと授業料を払っているのに」

　などといったクレームも日常茶飯事だ。

　そこでサービス産業化している大学側も、学生が相当にできなくても、授業中は寝てばかりで、試験は白紙に近い答案でも、大目に見て単位を与えるということが横行している。正当な評価を下そうとすると「留年者が多いと評判が悪くなり、受験生が減るから、極力単位を出すように」と上層部から言われたりする。それでは教育の放棄ではないかと仲間うちでこぼすと、「そんなことを言ったら自分の首を絞めることになりますよ。どんなにひどい学生でも入ってくれないと私たちは食べていけないんですから」などということになる。もう堂々巡りも極まった感がある。

安易に単位を与えることを教育の放棄とみるのでなく、授業料を払わせながら単位を出さないのを教育の放棄とみなす。形を整えるだけで実質を問わない日本の特徴がこんなところにも顕著にあらわれているのである。

「20分間正座させた」で大事件に

私は、拙著『「過剰反応」社会の悪夢』で、教師の体罰への過剰反応について論じた。その問題もここでのテーマに関係するので、簡単に紹介しておきたい。

部活の指導などで体罰があったとして報道される事件の中には、深刻な事例が含まれることは否定できない。だが、なかには過剰反応ではないかと思わざるを得ないケースもみられる。

教育現場では、たしかに体罰は禁止されている。だが、現場の教員たちの話を聴くと、体罰をしているとは思えないのに体罰だと騒がれ、困ることもあるという。

たとえば、教員が注意しても生徒が言うことをきかないため、強く注意すると、教員の顔に唾を吐きかけてきたり、胸ぐらをつかんできたり、ひどいときは殴りつけてくる。それに対して、教員が身を守るために、生徒の腕をつかんだり、腕をねじ上げようとすると、生徒は周囲の生徒たちに対して「暴力を受けた」「体罰だ」とアピールする。教育委員会に訴えてやるぞと脅す生徒もいるという。

教師として非はないと思っても、実際に生徒やその保護者が体罰を受けたと訴えたりすると、非常にややこしいことになり、場合によっては教師は処分されることにもなりかねない。訴えなくても、「先生に体罰された」などとネット上に発信されたりすると、生徒側の言い分だけが世間に広まり、暴力教師の体罰として事件化されてしまう怖れもある。

こんな状況ではとても生徒指導などできない、何があっても見て見ぬフリをするしかないと嘆く教師もいる。ストレスのあまり心を病む教員も非常に多く、耐えきれずに辞めていく教師も後を絶たない。私の教え子たちの中にも、そうした教育現場で生徒指導に頑張っている者もいるが、生徒から殴られても抵抗できない先輩の姿を見て「この先やっていく自信がない」と辞めた者もいる。

皮肉なことに、事なかれ主義に抗う教員、教師アイデンティティをしっかりともつ生徒指導に熱心な教師ほど、いざと言うときに身を守ることができない危険な立場に身を置くことになっている。

マスメディアの姿勢にも問題ありと言わなければならない。つい最近あった「事件」にこんなものがあった。

「高校生96人に都庁前で正座させる　校外学習に『遅刻』　35歳男性教諭処分へ　都教委」（「産経ニュース」２０１５年7月11日）

都立高校の教師が、校外学習の集合時間に遅れた生徒96人を20分にわたり都庁前で正座させたところ、あとで問題があるということになった。高校側は保護者会で謝罪し、教育委員会はこの教師の処分を検討しているというのだ。その教師は「遅刻はいけないことだと指導するためだった」と説明したという。

たとえ正座が体罰に当たるとしても、この報道には抜け落ちている視点があるのが気になる。それは、96人もの生徒が遅刻するというような異常な事態をなぜ誰も問題視しないのかということだ。そもそもこの校外学習は、遅刻も含めて、家庭や校内だけでは身につかない社会的行動を学ぶ機会であったはずだ。

この一件で、生徒たちが実際に学んだことは何だったろうか。守るべき約束を守らなかった自分たちは親も含めて学校から「謝罪」され、約束を守らないようではだめだと規範意識を改めて叩き込もうとした先生は処分対象になる。彼らの規範意識はどんどん薄れていくに違いない。

教師たちは今後どんな態度で生徒たちに接していけばよいのだろうか。教育的視点の欠如した批判の目、報道のあり方は、義務を果たさなくても権利は行使できると教えることにならないだろうか。

日本で必要なしつけとは

何ごとも原理原則で動くのではなく、そのときどきの状況に応じて動くところがある。そんな日本社会のあり方を、私は状況依存社会と名づけ、その特徴を論じた（拙著『「すみません」の国』）。

原理原則がないと言うと、いい加減な社会のように聞こえるかもしれないが、状況依存ということで強調しておきたいのは、「人間味のない抽象的原理を掲げるよりも、人間味のある具体的状況を大切にする」ということである。そのことは、目の前の個人個人の立場を思いやり、その気持ちを汲み取ろうとする個別対応的なきめ細かさにつながる。

このような状況依存社会では、物事の判断においても関係性が重視される。原理原則より具体的状況を重視する姿勢により、物事の判断が人間関係によって決まる、つまり理屈よりもだれが言ったかに左右されるということが起こってくる。日本の会議などでは、そのようなことがありがちである。

大人の世界がこんな感じで規範意識がはっきりと説明しにくい状況なので、子どもに行動規範を叩き込むのは相当に難しい。

前出の教育学者、佐藤淑子は、イギリスと比較しながら次のような指摘をしている。

「幼児を持つ日本人の母親たちは仲間とのトラブルが起きたときに自分の子どもをど

うしつけてよいかわからない」

「対人的なトラブルが生じたとき、その行為がいいか悪いかで判断するよりその人が好きか嫌いかの感情で判断することが多い。子どもの前で何が正しくて、何がそうでないのか、あるいは人にいやなことをされたときには一貫してどういう態度をとるべきなのかという親の考え方を提示しにくい」

「子ども同士のもめごとの発生時に、公正さというひとつのものさしを提示できる欧米の母親と、その都度どう対応すべきか状況を読み、他者の気持ちを推し量り、頭を悩ます日本人の母親は対照的」（前掲書）

たしかに、他の子が明らかなルール違反をしたとしても、毅然とした態度で注意して他の母親たちと気まずいことになるのも困るといった感受性がある。そうなると、ルール違反は絶対にいけないのだということを自分の子どもに叩き込むことができない。どうしつけたらよいかに頭を悩まさざるを得ない。

「親離れは申し訳ない」心理

本章で見てきたような種々の問題は、日本における母性原理の強さが関係している。さらに日本の親子の心理的一体感が生じさせる弊害についても述べておきたい。

フロイト派の精神分析学者小此木啓吾とユング派の精神分析学者河合隼雄が、日本人の母性原理について対談した際、河合は日本人は依存することよりも自立することに罪悪感を感じるという指摘をした（小此木啓吾、河合隼雄『フロイトとユング』）。

いつまでも依存し続けるのが本来の姿で、自立するのは悪いことだといった感覚が生じるというのだ。小此木も、師弟関係もそうで、なまじっか独立すると罪悪感を感じるという。なるほどと思う人が多いはずだ。

河合は、患者と医者の治療関係の例もあげている。長く通っている患者が、もう少しのところでなかなか治らない。そこにはせっかくここまでつきあってもらったのに、ここで治って離れていくのが申し訳ないような心理も関係するというのだ。

これを親子関係に置きかえて考えてみよう。「育ててもらい、お世話になった」と自立するのを申し訳なく思う子どもの心理。それを父性原理で突き放すことができる親なら、子どもも自立へと向かっていけるが、母性原理で包み込むような親だと子どもは自立できなくなっていく。

不登校の子どもの心の中には、自立をめぐる葛藤が渦巻いていると考えられる。心配しながらも、子どもが自立していくことをどこかで受け入れられない母親、子どもを抱え込もうとする過保護な母親。そんな母親を見捨てることのできない子、あるいは過保護に育てられることで巣立っていくための翼をもぎ取られてしまった子が、もがき苦しむ。そんな心模様が想像される。

「就職して実家を出て行くのが淋しい」「結婚して実家を出て行ってしまうのがつらい」という気持ちを子どもに伝えたりして、自立の足を引っ張るようなことをする親まで出てきた。

改めて考えてみれば、親子関係や師弟関係、会社の上下関係でも、表面上は自立が奨励されていても、心の奥底では自立が抑えられているようなところがある。何年経っても「頭が上がらない」人が誰しもいるのではないか。親にも教師にも上司にも、頼られる関係を心地よく思う心理があり、自立するということは、そうした相手の期待を裏切ることになるため、罪悪感を伴うわけである。

父性的な傾向が非常に強いフロイト流の精神分析に対して、東洋的なものに惹かれるユングは母性的なものも取り入れた。フロイトよりもユングの方が日本人に馴染みやすいのも、そうした事情によるものといえる。

ただし、精神分析を日本に導入し定着させるのに貢献したフロイト派の精神分析学者古澤平作も、治療実践においては母性的なものをうまく取り込んでいた。一体であるはずの母親と自分が切り離されていると感じることで生じた患者の心の奥底にある「恨み」を解消するために、分析者と患者の関係の中で一体感を回復させることを重視していた。弟子である小此木によれば、母の愛情によってとろかされて一体になる感じを治療者との間で味わわせるのである。これは、自立に向けて駆り立てる西洋流のやり方とは真っ向から対立するものといえる。

父性を発揮できない父親たち

かつての日本では、主として父親が父性を担い、母親が母性を担っていたが、現在は父母ともに母性的な甘さをもつようになってきた。もともと日本の父親は妻から立ててもらうことで権威を保ち、かろうじて父性の厳しさを発揮していたのであるから、妻が立ててくれなくなることによって権威は失われ、父性を担うことができなくなったばかりか、存在感さえも希薄化した。家庭における父親の心理的不在として問題視されている状況である。

そこに「ほめて育てる」という思想や、叱ると子どもが傷つくという「トラウマ」神話が普及することで、父母ともに母性を無制限に発揮するようになってきた。ここ最近では「イクメン」ブームで、父親が育児に関わることが注目されているが、このうちのどれほどが、父親ならではの役割を自覚しているだろうか。

これが日本の現状といってよいだろう。

どうも今時の日本の親は、子どもに対して権威をもつことをいけないことのように思い、子どもと同じ次元でかかわろうとするようなところがある。そこで増えたのが、いわゆる友だち親子と呼ばれる、親子の間に序列を全く感じさせないかかわり方である。

友だち親子についての話題を授業で取り上げると、こんな意見が出た。

「今の親は威厳がなくて頼りない。もっと頼れる存在であってほしい」

「友だち親子ってよくいるけど、あきらかに世代は違うし、親と子なのに、子どもに媚び売って仲良くしている親って、なんだか見苦しい。親っていう自覚が乏しいんじゃないか」

「周りに当たり前のように友だち親子が多いけど、それは問題なのだろうか」

「親子が友だちみたいに仲良しなことの、どこが悪いんですか」

批判的な意見が出る一方で、何が問題なのかわからないという声も上がった。

だが、なかには深刻な学生もいた。

自分の母は母性が強く、自分は常に守られて育ってきたという。でも、親に守られるだけの生活が嫌になり、反抗して自立することができた。でも、弟は母に反抗することができず、友だち親子として行動を共にし、何でも話すというかかわりから抜け出すことができなくて、大学生になっても友だちができず、ついに引きこもってしまった。だから、友だち親子というのは問題だし、父性の厳しさがなく母性だけで子どもを囲い込むのは危ないと思う。そのような自らの経験を基にした意見には説得力があった。

ただし、これは友だち親子にかぎらず、母性原理が強すぎる親が子どもを囲い込むことで自立の足を引っ張り、社会に出て行く力が子どもの中に育たないことの一例ということができる。

「友だち親子」はいますぐ止めよ

すでに20年近く前に、友だちのような父親の存在は、前述の林ら専門家により問題視されていた。上下の関係を意識的に捨て、価値観を押しつけることをしない。子どもの自主性を重んじ、何も強制しない。何をするにも自由放任の姿勢をとる。

親子がまるで仲良しの友だちのようなのを微笑ましく見る人もいるかもしれないが、友だち親子の孕む深刻な問題について考えてみる必要がある。

アメリカの親子が気さくに話したり、抱き合ったり、親が子どもをほめたりするのを見て、日本の親が形だけ真似ようとすると、おかしなことになってくる。親と子はそれぞれ別の世界を生きているという切断の意識。それがある欧米と、それがなく親子が渾然とした一体感を抱いている日本では、「友だちのように何でも言える関係」といっても、その様相は大きく異なるのである。

もともと心理的一体感が強く、親子が切り離されていない日本では、お互いの親と子という役割関係を忘れて、距離を縮めすぎてしまう。その結果、どうしても親は毅然として自分の価値観を子どもにぶつけることができず、子どもを甘やかすことになる。

親が子どもと同次元で戯れるようになってしまったら、社会のルールやマナーをいったいだれが教えるのだろうか。なかなか思い通りにならない現実をしぶとく生き抜く力をだれが注入し、困難にめげずに頑張り抜く姿勢の大切さを他のだれが教えるのだろうか。

海外のやり方が日本と違うと、「海外ではこんなふうにしてるのに、日本は遅れてる」とか「日本はおかしい」とか言う人がいるが、文化的な伝統という文脈を無視して、表面だけを見て取り入れるととんでもないことになる。

本章の終わりに、ある調査を示したい。

少し古い調査だが、総理府青少年対策本部が実施した母親と子どもについての国際比較調査がある（総理府〈現、内閣府〉青少年対策本部編『日本の子供と母親』１９８１年）。

日本、アメリカ、イギリス、フランス、タイ、韓国の６カ国の10～15歳の子どもとその母親を対象として、子どもが教師に叱られている場面と母親に叱られている場面の図版を見せた。叱られた子どもがそれぞれ何と言っているかを想像させ、選択肢の中から選ばせたのだ。

選択肢は、素直に謝ったり従ったりする「従順型」、言い訳をする「理由づけ型」、自分を正当化して反発する「自己中心型」が用意され、それぞれの型が選択された比率が国ごとに算出された。

その結果、従順反応の比率に日本の特徴が顕著にあらわれていた。教師に対する従順反応は他の国々よりやや多い程度でそれほど違わないのだが、母親に対する従順反応は他の国々と比べてきわめて低かったのだ。その比率は、韓国の84％を筆頭に、フランスとタイが72％、アメリカが68％、イギリスが60％で、総じて60％以上となっている。対して、日本は27％と著しく低く、母親に対する従順反応の低さが顕著に現れていた。

日本では、従順反応が少ない分、ほとんどが理由づけ反応に回っている。これについては、母親は理由があれば折れてくるという期待を持っているのだろうと分析されている。

母子の濃密な関係は、日本では昔から根強くみられるものだ。わが子だけ残すのは不憫だからとわが子を道連れに母子心中する母親の心理に共感できる日本人が多いのに対して、他の国々ではまったく共感が得られず、そのような母親は非情な殺人者とみなされる。それは、母子の間に心理的一体感があるか、別個の独立した人格という感覚があるかの違いといえる。

日本の子どもが親の言うことを聞かないのには、さらに理由がある。第1章で紹介した調査結果のように、親自身が子どもに言うことを聞かせたいと本気で思っていないところがある。

そんなことはない、言うことを聞かせたいと思っても、言うことを聞いてくれないのだと言いたい親もいるかもしれない。そこで、言い方を変えると、日本の親には、子どもに何が何でも親の言うことを聞かせるのだという気概が乏しい。逆に、子どものことを聞く物わかりの良い親でありたいというような気持ちがあったりする。それでは、子どもが言うことを聞かなくなっても仕方ない。

親世代の価値観崩壊

両親からどんな社会化を受けたかが、子どもに対する社会化の様式を規定する。そう考えると、日本では戦後世代の価値観の崩壊が、子どものしつけ方に好ましくない影響を及ぼしているのではないだろうか。

敗戦によって価値観の大転換を余儀なくされた。信じていた価値観が崩壊したとき、何を基準に生きていけばよいのか自信がもてなくなる。依るべき価値観がわからない。かつてのあるべき親の姿も、民主化の動きの中で否定され、どんな親であるべきかもわからない。

そんな価値観の混乱の中で子育てを始めた戦後の親世代は、親自身の価値観が希薄なため、我が子に十分な父性を注入できなかったとも言えるだろう。何かと自信がもてないため、世の中の動きが気になり、周囲の動きに左右される。

そんな時代の親に育てられたのが、今の中高年世代である。前世代に比べて彼らは厳しく叱られる経験が乏しいため、叱り方がよくわからない。自身が、親から価値観をぶつけられ、価値観をめぐって格闘しながら自分の価値観を確立するということをしていないため、自信をもって子どもにぶつける価値観がない。

「こうあるべき」の縛りが緩むと、衝動が溢れ出し、社会を視野に入れた行動が減り、自己チューな行動が増える。子育てにも自己チューな側面が強くなる。

そこにアメリカ流の「ほめて育てる」という思想を無条件に取り入れたため、厳しさと甘さのバランスが崩れてしまった。自信のない日本の親は、父性をぶつけて鍛えるということができなくなった。ほめれば気まずいこともないし、子どもも笑顔でいられるし、ということで、親にとっても気分的に楽なため、どんどん甘い方に偏っていった。

そのように育てられたのが、今の若い世代ということになる。

第3章

ほめても自己肯定感は育たない

始まりは自己肯定感問題

ここまで読み進んで下さった読者には、「ほめて育てる」思想がなぜ取りいれられたのかと改めて疑問に感じておられる方も多いだろう。

先に述べたように、教育界にも親の間にも「ほめて育てることで自己肯定感を高めることが必要だ」という声が広まったことが大きな要因だった。

それによって子どもや若者の自己肯定感は高まったかといえば、そうではない。むしろちょっとしたことで傷つきやすい子どもや若者、忍耐強く頑張ることができない子どもや若者が増えてきた感がある。

本章では、この自己肯定感とは何か、そしてほめられるとその感情はどうなるのかを、心理学的実験をひもときながら見ていこう。

若者の自己肯定感の低さは、調査データからも窺える。2011年に行われた「高校生の生活意識と留学に関する調査――日本・アメリカ・中国・韓国の比較」（日本青少年研究所）は、自己肯定感に関連する項目について尋ねており、同じ項目で調査した1980年および2002年との比較が可能だ。

「自分はダメな人間だ」について、「よくあてはまる」と答えた高校生の比率は、１９８０年に12・９％であったのが、２００２年に30・４％と２・５倍に跳ね上がり、２０１１年には36・０％と１９８０年のほぼ3倍にまで増加している。

このことは、ほめて育てることが必ずしも自己肯定感にはつながらないこと、むしろ自己肯定感の育成を阻害する可能性があることを示唆するものといえる。第1章では、親のしつけの厳しさも教育環境の厳しさも失われてきていることを示したが、それと並行して自己肯定感が低下しているとするなら、「ほめて育てる」という思想によって厳しさが失われたことの弊害が非常に大きいと言わざるを得ない。

同じ調査で、「現状をそのまま受ける方がいい」という項目がある。これを肯定する（「よくあてはまる」＋「まあまあてはまる」）高校生の比率は、１９８０年に24・７％であったのが、２００２年に42・１％と2倍近くになり、さらに２０１１年には56・７％と大幅に増加した。現状をそのまま受け入れるという者が、１９８０年には4分の1だったのに、30年経って半数を大きく超えてきたわけだ。これは自己肯定感そのものについての項目ではないが、現状を克服しようという意欲が年々低下していることを示しており、自己肯定感の低下を示唆するものといえるだろう。

「いつ」「どのように」ほめるべきか

ほめられればだれだって嬉しいし、自信になる。だから何でもほめればいいと勘違いしていないだろうか。ほめ言葉をたくさん身につけようとか、スキルを学んでほめ上手になろうといった育児・教育雑誌の特集などを見ていると、どうもそうした勘違いが横行しているように思えてならない。

ただし、子育てを経験してきた親自身も、勘づいているところがある。母親たちに子育ての経験を振り返りながら、ほめることの影響について思い浮かぶことをあげてもらうと、次のようになった。

自信がつく／良いことをますますするようになる／前向きになれる／やる気になる／期待に応えようと頑張る／能力が引き出される／関係がよくなる／気分がよい／勇気づけられる

効果については、似たような回答が多く、多くの人のイメージが重なっているようだ。

一方で、多くの人が同時にその弊害についてもあげていた。

調子に乗る／自己チューになる／善悪の判断ができなくなる／打たれ弱くなる／挫折したときに落ち込みやすい／同じ失敗を何度も繰り返す／ほめられないと機嫌を悪くする／失敗を隠そうとする／嘘をつくようになる／向上心がなくなる／反省しなくなる／間違った行動や修正すべき点に気づけない／注意や叱責を素直に受け入れられない／見返りがないとやる気になれなくなる／自信過剰になる／厳しい状況で踏ん張れない

弊害についてはさまざまな回答があり、より多様な内容になっていたのが対照的だ。

そこで大切なのは、どういうときにほめるか、どのようにほめるか、ほめることと叱ることのバランスをどうするかというようなことなのではないだろうか。

ほめられることで自信がついても、脆い自信では意味がない。確かな自信、ほんものの自信とは、自分の必死の努力が実を結ぶことにより、自己効力感（自分はやればうまくできるという感覚）がしだいに高まってきて、永続的な自信になるということだろう。

ほめられるだけでなく、そこには自身の努力の結実が欠かせない。

そうした努力なしに、ただほめられることでエネルギーを充塡してもらうだけでは、すぐにエネルギーが枯渇するため、たえず賞賛を求めることになる。それはほんとうの自信につながらないほめ方をされていることになる。頑張ってもほめてくれないからやる気が出ないという若者がいるが、ほめられないと頑張れないというような心こそ、自己肯定感に乏しいはずだ。

頑張ってほめられれば報われた感慨があって、また頑張りたいと思うが、たいして頑張ってもいないのにほめられると、こんなもんでいいのかと思い、努力する気持ちが薄れるということもあるだろう。自分が軽く見られてる感じもするはずだ。自分は大目に見てもらわないといけないくらい実力がないのかもしれないといった疑念が生じたり、どうせ期待されてないといった感覚が生まれたりして、かえって自信がなくなる懸念もある。

言語的報酬

教育心理学の領域では、ほめることは言語的報酬を与えることになると考える。それがモチベーションに与える影響についてさまざまな研究が行われている。その結果、ほめ方によっては逆効果になることが証明されている。そうした教育心理学の知見をまとめると次のようになる。

（1）易しい課題ができたときにほめると逆効果になる
（2）明確な根拠なしにほめるのは逆効果になる
（3）過度に一般化しすぎたほめ方をするのは逆効果になる
（4）コントロールするようなほめ方をするのは逆効果になる

ここで出てきた新しい用語について、補足しておきたい。（3）の「一般化」というのは、たとえばパズルなどの問題が解けた生徒に対し、「あなたは本当に素晴らしい」などと人物全体を評価することが該当する。大げさな感じがして妥当性が感じられず、ウソっぽく聞こえてしまう。

「あなたはほんとうに素晴らしい」とほめられた子どもと、「ほんとうに一生懸命にパズルに取り組んでいたね」と具体的な行動や姿勢をほめられた子どもを比べた実験については後述したい。
（４）の「コントロールするようなほめ方」とは、ほめられる側は報酬を与えられることで相手の意のままにコントロールされる立場になることをさす。つまり成果や努力を評価してほしくて頑張る、ほめてほしくて頑張るなどという場合、結局のところ相手の望むような方向に動かされているのであり、その取り組み姿勢は相手にコントロールされたものということになる。
したがって、報酬のもつコントロール的側面をほめられた側が強く意識すると、「やらされている」という感じになり、自律性の感覚が損なわれるため、モチベーションが低下する。

原則として、ほめ言葉という言語的報酬には、コントロール的側面よりも正のフィードバック的側面の方が強いとされている。心理学者ピットマンらは、素晴らしい成績だとほめると同時に具体的な成績の位置づけを知らせるフィードバック的なほめ言葉を受けた人のモチベーションは高まるが、「素晴らしい成績だからこれは自分の研究のデータとして使える」というようなコントロール的なほめ言葉を受けた人のモチベーションは低下することを見出した。

だが、関係性を重視する私たち日本人では、「良くできたね、嬉しいよ」「頑張ってくれたね、助かるよ」などと言われると、その相手のためにも頑張りたいという気持ちになり、モチベーションが上がるものである。日本人では、だれかのために頑張るというのが大きな力になることが多い。その場合は、コントロール的なほめ方であっても効果があることになる。これに関しては、文化差を考慮する必要があるだろう。アメリカで得られた知見がそのまま日本に当てはまるわけではない。

ただし、「やらされている」という感じが日本でもモチベーションを低下させる、たとえば勉強嫌いにさせるということがあるので、ほめることのコントロール的側面が逆効果になるかどうかは関係性によるといえるだろう。

モチベーションというのは自己肯定感そのものではないが、両者の間には密接な関係があると考えられる。自己肯定感の高い者は自己効力感が高いためモチベーションも高いであろうし、自己肯定感の低い者は「どうせ自分はダメだ」と思っているためモチベーションも低いであろう。

「頭が良いね」で萎縮した子どもたち

ほめられることが自信になり、モチベーションが高まると一般に考えられているが、ほめ方によっては一概にそうとも言えないと指摘した。

ここで注目したいのは、ほめられることでかえって消極的になることを証明した心理学実験である。心理学者ミューラーとドゥウェックは、10歳〜12歳の子どもたちを対象に、ほめ方によってどのような効果の違いがあるかについての実験を行った。

まずはじめに子どもたちに知能テストに似たパズル解きのテストをやらせた。それは簡単な内容であり、すべての子どもたちは、テスト終了後に、「優秀な成績だった、少なくとも80％は正解だった」と伝えられた。

その際、子どもたちは三つの条件に振り分けられた。

第一条件……こんなに成績が良かったのはまさに「頭が良い証拠だ」と言われた
第二条件……とくに何も言われなかった
第三条件……こんなに成績が良かったのは「一生懸命に頑張ったからだ」と言われた

つまり第一条件と第三条件の子どもたちは、それぞれ異なる理由で良い成績が取れたと思い込まされたのだ。

そうしておいて、2種類のパズルの特徴が説明され、これからどっちのタイプのパズルをやってみたいかが尋ねられた。

一方は、あまり難しくなくて簡単に解けそうなパズルであった。これを選べば、良い成績を取って自分の頭の良さを示せる可能性が高い。もう一方は、難しくて簡単に解けそうもないパズルであった。これを選ぶと、良い成績を取って自分の頭の良さを示すことはできないかもしれない。だが、チャレンジのしがいのあるパズルであった。

さて、振り分けられた条件によって取り組みたいパズルに違いが出るかを確認したところ、条件によって明らかにパズルの選び方が違っていた。

第一条件の「頭が良い」とほめられた子どもでは、67％と大半が簡単な課題の方を選んだ。第二条件のとくに何も言われなかった子どもでは、簡単な課題を選ぶ者と難しい課題を選ぶ者がほぼ半々となった。第三条件の「頑張った」とほめられた子どもでは、簡単な課題を選んだ者は8％しかおらず、92％とほとんどが難しい課題の方を選んだ。

このように、能力の高さをほめられた子どもと、努力したことをほめられた子どもでは、正反対の結果を示したのであった。

ここから示唆されるのは、ほめることがモチベーションに与える影響は、ほめ方によって異なってくるということである。

つまり、「頭の良さ＝能力」をほめると、自分の能力の高さに対する期待を裏切りたくないという思いに縛られ、もし期待を裏切ったらどうしようという不安に駆られて、確実に成功しそうな易しい課題を選ぶ。つまり、守りの姿勢に入り、チャレンジがしにくくなる。

それに対して、「頑張り＝努力」をほめると、努力する人間だという期待を裏切りたくないという思いに駆られ、つぎももっと努力している姿を見せなくてはということで、チャレンジしがいのある難しい課題を選ぶ。

つぎに実験者たちは、最初のパズルよりも明らかに難しいものを子どもたち全員にやらせた。だれもが自分の成績は前よりも良くないと感じるほど難しいものだった。終了後に、すべての子どもたちは「全員が50％以下しかできなかった」と伝えられた。

そして、パズルは楽しかったかどうか、今回のパズルを家に持ち帰ってやってみる気があるかどうかを尋ねられた。

その結果はどうだったか。最初のテスト後に「頭の良さ」をほめられていた子どもたちは、他の二つの条件の子どもたちと比べて、難しいパズルを楽しく感じることができず、また家に持ち帰ってまでやろうという気持ちがないことが示された。「頭の良さ」をほめられることによって、難しい課題にチャレンジするモチベーションが低下してしまったのである。

さらに、うまくできなかった原因を尋ねると、「頭の良さ」をほめられた子どもたちは、「頭が悪いから」と、成績の悪さの原因を自分の「能力不足」のせいにする傾向がみられた。

他の二つの条件の子どもたちは、「頑張りが足りなかったから」と、成績の悪さの原因を自分の「努力不足」に求める傾向があった。

原因帰属の理論によれば、失敗したときに「努力不足」のせいにすれば、つぎは頑張ればうまくできるかもしれないと思えるため、モチベーションは維持できる。一方、失敗したときに「能力不足」のせいにしてしまうと、能力というのは努力と比べて変動しにくく、一朝一夕に改善できるものではないので、つぎもうまくいきそうにないと思ってしまうため、モチベーションを維持するのは難しくなる。

最後に、はじめにやったものと同じくらい簡単なパズルをやらせてみると、条件によって成績まで大きく差が出ることがわかったのだ。

最初のパズルの後に「頭の良さ」をほめられた子どもたちの成績は、最初の時よりも大きく落ち込み、何も言われなかった子どもたちの成績を大きく下回っていた。反対に、最初のパズルの後に「頑張り」をほめられた子どもたちの成績は、最初の時よりも大幅に向上し、何も言われなかった子どもたちの成績を大きく上回っていた。何も言われなかった子どもたちの成績は、最初の時と最後の時で違いはみられなかった。

以上のように、「頭の良さ」をほめられると気持ちが萎縮し、守りの姿勢になってモチベーションが低下しやすく、実際にパフォーマンスも低下しやすいことがわかった。「頭の良さ」をほめることは承認欲求を強め、期待に添えない結果になることを怖れるなど不安定な心理を生む。ほめるのが良いか悪いかということよりも、ほめ方が非常に重要になるのである。モチベーションを持続させるためには、「頭の良さ」より「頑張り」をほめる方がよいということになる。

前出の『フランスの子どもは夜泣きをしない』の著者は、別の著書でこう述べてもいる。

「あるフランスの母親は、５歳の子どもが何かいいことをしたら、『ブラボー』と言ってほめるかわりに、『自分で自分を誇りに思うでしょ？』と聞くほうが好きだと、私に言っている。多くのフランスの親もそうだけれど、彼女も、子どもが絶えずほめられて満足していたら、自尊心は育たないと信じている。（中略）子どもをほめすぎると害になることがある。親にほめてもらいたい一心で、リスクを冒してまで何か新しいことに挑戦したいと思わなくなるのである」（パメラ・ドラッカーマン『フランス人は子どもにふりまわされない――心穏やかに子育てするための１００の秘密』）

ほめられ中毒の子どもに育てないように注意を喚起しているのだ。そして、このような経験的な知見にも、ここまで紹介してきた心理学実験でもわかるように科学的裏づけがあるのである。

キャリアのカオスセオリー

ほめられることによって失敗を怖れる気持ちが植えつけられるという弊害があること

がわかった。それに加えて、ほめられることで失敗を受け入れたくないという気持ちを植えつけられるということも記しておきたい。

失敗というのはだれでも避けたいものだが、新たな経験をする場面では、当然失敗することもある。失敗することで人はパワーアップし、成長していく。

とくに、現代のように先の読めない変動の激しい時代には、だれもが失敗をたくさん経験することになるため、失敗から学ぶ姿勢が重要となる。人のキャリアは偶然の出来事の影響を大いに受けるとするキャリアのカオスセオリーでも、失敗の価値を強調している。

キャリアのカオスセオリーとは、心理学者ブライトとプライヤーが提唱する新しいキャリア発達理論である。不確実性、絶え間ない変化、環境への適応を重視し、将来の予測など不可能だという前提に立ち、私たちのキャリアは予期しない偶然の出来事に思いのほか影響を受けているということを強調する。

この心理学者二人は2012年に発表した論文の中で、キャリア発達を考える際に失敗の価値に目を向けることを促している。技術革新が激しく先の読めない時代には、何が起こるかわからないため、失敗を避けることはできないが、失敗から学ぶことはできる。失敗から学ぶことができるかどうかが、その後の失敗を防ぐことができるかどうか、その後に訪れる偶然のチャンスを活かすことができるかどうかを大きく左右する。その意味で、失敗から学ぶ姿勢を身につけることが重要となる。失敗から学ぶには、まずは失敗を受け入れる必要がある。失敗を認めることができないと、失敗から学ぶこともできない。

だが実際にはこんな声が聞こえてくる。家で、問題集の間違えた箇所に×をつけたがらない子がいる。母親が「ちゃんと×をつけて、つぎに間違えないようにしないと」と言っても、イヤだと言って×をつけない。全問正解の時だけ、目立つように「全問正解」と書いたりする。その母親は、子どもをみていて、ふと心配に駆られるという。

たえずほめられるばかりで、叱られてネガティブな気分になることがなければ、厳しいことを言って不快感を与える相手を避けたり、耳に痛い言葉をスルーしたりする心のクセが身についてしまう。いつも持ち上げられたりしてポジティブな気分にしてもらっていると、ネガティブな気分にさせられることに耐えられなくなるのだ。ゆえに、耳に痛い言葉は聞き流す。

それでは自分を振り返って短所や至らなさを修正するチャンスがなかなか得られない

し、失敗から学ぶことはできない。だれだって短所を指摘されたり、軽率な態度を注意されたりすれば、多少なりとも傷つくし、気分が落ち込むものだ。

だが、成長していくタイプは、欠点を指摘され、厳しいことを言われて、たとえ傷つき落ち込むことはあっても、相手を逆恨みするようなことなく、自分自身を振り返り、修正していこうとする。

悲観主義者のポジティブ・パワー

私たちには、不安だからこそ必死になるという面がある。不安を克服しようと頑張るのである。ゆえに、適度な不安は成長の糧になる。不安を悪玉視し、不安はない方がよいとみなす傾向があるが、むしろあまり不安にならない人の方が軽率な行動が多かったり、いくら言っても人の言葉が染み込まずに行動が改善されなかったりして、伸びないことが多い。

不安を感じる人の方が勉強も仕事もできるということがある。学生たちをみていても、不安を感じる学生の方が必死になって準備勉強をするし、その結果試験でよい成績を取ったり完成度の高い発表をしたりする。

勉強でも仕事でも、不安が強いと、いくら用意周到に準備してもこれで大丈夫という気持ちになれず、あらゆる可能性を想定してさらなる準備に励まざるを得ない。こういうときはどうしようなどと、さまざまな事態をシミュレーションしながら、その解決策や対処法を慎重に検討する。強い不安のせいで最悪の事態まで想定して対処法を検討するため、たいていの事態への対応はシミュレーションができている。そうした姿勢が、勉強でも仕事でも成功を導く。

それに対して、不安の乏しい人は、危機感に乏しく、人の言うことを深く受け止めることがない。また慎重さに欠け、用意周到に準備するということがないために、勉強でも仕事でもやる気が空回りしがちである。

そのような不安の効用に目をつけたのが、心理学者のノレムとキャンターである。彼らは、実際に成果を出していないのに自分はできると楽観視するタイプを「非現実的楽観主義者」と名付け、成果を出しているにもかかわらず将来のパフォーマンスに対する不安が強いタイプを「防衛的悲観主義者」として、両者を対比させている。

非現実的楽観主義者は、いくら注意しても染み込まず、「わかりました」と言うのに似たようなミスを繰り返す。ポジティブすぎて慎重さが足りないため成果が出せない。

一方、防衛的悲観主義者は、ネガティブだからこそ慎重になり、用意周到に準備する。不安があり、ポジティブになれないことがじつは成果につながっているのである。

ノレムによれば、防衛的悲観主義者は、これから起こることに関して徹底してネガティブ・シンキングをする。不安が強く、最悪の事態をあらゆる角度から思い浮かべては失敗するのではないかと怖れる。だが、そうした思考のクセのために、結果的にはうまくいくことが多い。

そこで、ネガティブ思考のポジティブ・パワーについての研究が進められた。たとえば、この証明のために、知能テストに似た問題をやらせる実験を行っている。

実験を始める前に、防衛的悲観主義の傾向をもつ人たちを二つのグループに分けた。わかりやすいように、それらをAグループ、Bグループとする。そしてAグループの人たちに、これから取り組む課題について、自分の成績を予想してもらうと、かなり低く予想していた。これは、防衛的悲観主義者としては当然の傾向と言える。

Bグループの人たちには、「あなたの実力なら、きっとうまくやれるはず」と鼓舞することでポジティブ思考を吹き込んだ。すると、それに影響されて今後の見通しが楽観的になり、自分の成績に関して、Aグループよりも良い成績を予想した。ポジティブ思考を注入されたのだから、これも当然の傾向と言える。

だが、興味深いのは、その後の両グループの実際の成績である。

Ｂグループの人たちは、「あなたの実力なら、きっとうまくやれるはず」と言われることでポジティブな心構えになり、そう言われなかったＡグループよりも良い成績が予想されたのだが、実際にはＡグループよりも成績が悪かったのだ。

つまり、防衛的悲観主義者の場合、ネガティブなままでいた方が良い成績を上げることができ、ポジティブになるとかえって成績が落ちることが証明されたのである。

ここから言えるのは、だれもがポジティブな心の構えをもつことでうまくいくわけではないということである。日頃からうまくいくかどうか不安を抱きがちな人の中には、その不安を活かしているタイプがいる。不安ゆえに注意深く物事に対処するため、うまくいく確率が高まるのである。その不安を取り除いてしまうのは逆効果となる。せっかくうまく機能しているネガティブ思考とパフォーマンスの好循環が崩れてしまうのである。

虚勢、嫉妬につながる「自信」

このようにみてくると、「ほめて育てる」ことで嬉しかったり自信になったりというメリットはあっても、ほめられるばかりだと、つぎのようなデメリットがあることも無視できないことがわかる。

・頑張り続けることができない
・ほめてもらえないとやる気をなくす
・慎重さ、用意周到さに欠ける
・失敗を怖れる
・失敗を認めたがらない
・耳に痛い言葉が染み込まない
・注意されると反発し、自らを振り返らない
・思い通りにならないとすぐに諦める
・挫折に弱い
・逆境を乗り越えられない

ほめられることによってつくられた自信は脆く傷つきやすい自信であり、虚勢につながりやすく、嫉妬や僻みに形を変えやすい。それでは謙虚で動じることのない、ほんとうの自信とは無縁のものである可能性も高いと言わざるを得ない。

失敗を怖れるあまり、何ごとにも本気でのめり込めない傾向もみられる。脆く傷つきやすい自信を守るために、あらかじめ自己防衛的な姿勢を取るのである。そして、ほめられることによって築かれた誇大自己の幻想が崩れないように必死に虚勢を張る。

ほめられることに慣れすぎると、自分に対して甘い環境ばかり求め、厳しい環境を拒絶するようになる。教師や上司・先輩の厳しい注意やアドバイスから学ぶよりも反発する。注意されると自分を全否定されたかのような過剰反応を示す。こうなると自分の殻を脱皮して成長するのが難しい。

ほめて育てることによって自己肯定感が育つはずと言われてきたのに、なぜか自己肯定感の低い子どもや若者が増えていること。これは、自己肯定感、いわゆる自分を肯定し自分に自信をもつというのは、ほめるというような小手先の甘い扱いで植えつけられるようなものではないことの証拠と言えないだろうか。

遠藤周作が描いた母の「悲しげな眼」

ほんとうに大事なのは、言葉のかけ方を改善していくことではない。無言のうちに伝わる思いなのではないか。親と子の心の絆というのは、ほめ言葉でつくられるような表面的な薄っぺらいものではないはずである。

自己肯定感の土台になるのは、親と子の間の心の絆である。その心の絆のあり方が、言葉のやりとりに重きを置く欧米と言葉以前の一体感に重きを置く日本では、まったく異なるのだ。言葉以前の心の交流を大切にする日本では、必ずしもほめるという言葉の交流が重要な役割を担うわけではない。無言のうちに滲み出てくる親の温かい思いが伝わってくる。子どもは、親がこちらのことをいつも思ってくれていると感じる。そんな心のふれあいが大事になる。

ゆえに、日本の親子関係では、温かい心の絆をつくるにあたって、欧米のように言葉でほめるということをわざわざ意識する必要はない。そんなことをする以前に、子を思う温かい思いがあること、気持ちが子どもにしっかり向いていることが大切なのであろう。

何があっても、親はこちらのことを温かい眼で見守ってくれている。子どもがそう信じられることが、自己肯定感の基礎になる。

作家遠藤周作の一連の作品において繰り返し描かれている母の「悲しげな眼」が、そうした言葉以前の心の交流を端的に示している。

遠藤の作品を読んでいると、ふしぎと子ども時代のさまざまな場面が思い出される。そんな箇所に登場するのが母親の「悲しげな眼」と、それに対する「申し訳ない思い」（遠藤はこの言葉を使っていないが、行間ににじみ出ている）だ。

遠藤は、子ども時代のことを、つぎのように振り返る。

母親に対する反発から、悪友と遊ぶようになった。遊郭の息子で、学校をよくさぼり、優等生から敬遠されている級友と密かに遊ぶようになった。そのような友だちに近づいていったのは、厳しい母親に対する仕返しのような気持ちからだったという。

「田村に教えられて、初めて煙草をすった時、ひどい罪を犯したような気がした。学校の弓道場の裏で、田村は、まわりの音を気にしながら、制服のポケットから、皺だらけになった煙草の袋をそっとだした。

『はじめから強く吸うから、あかんのやで。ふかすようにしてみいや』
咳きこみながら鼻と咽喉とを刺す臭いに、私はくるしかったが、その瞬間、まぶたの裏に母の顔がうかんだ。（中略）私はそれを払いのけるために、さっきよりも深く、煙を飲みこんだ」（「母なるもの」『母なるもの』所収）

学校帰りに映画館に行くのも、その友だちから習ったという。帰り道には、どういう嘘をつこうかと考えた。

「『補講があったさかい。そろそろ受験準備せないかん言われて』
私は息をつめ、一気にその言葉を言った。そして、母がそれを素直に信じた時、胸の痛みと同時にひそかな満足感も感じていた」（同前）

遠藤はさらに、母親に嘘がばれたときのことにも触れている。

「ある土曜日、私は、どうにも誘惑に勝てず、登校の途中、下車をして、盛り場に出かけた。（中略）ポケットには一円札が入っていたが、それは、数日前、母の財布から、とったものである。時折、私は母の財布をあける習慣がついていた。夕暮まで映画をみて、何くわぬ顔をして家に戻った。

玄関をあけると、思いがけず、母が、そこに、立っていた。物も言わず、私を見つめている。やがてその顔がゆっくりと歪み、歪んだ頬に、ゆっくりと涙がこぼれた。学校からの電話で一切がばれたのを私は知った。その夜、おそくまで、隣室で母はすすり泣いていた」（同前）

こうした自伝的作品以外に、遠藤は作中の登場人物に「悲しげな眼」について語らせている。

「母が生きている間、彼は彼女をわざと傷つけたり、反抗したりしたが、自分を悲しげにじっと見つめる母の眼はそのたび毎に矢代の胸を痛くさせた。彼女が死んだあとも、その眼はやはりどこからか彼をじっと見つめていた。

眼。悲しげな眼」（「巡礼」『母なるもの』所収）

似たようなことはだれでも経験しているのではないかと感じるとともに、何も言葉に出して「ほめる」というようなことをしなくても、日常の何気ないやりとりの中で親の子を思う気持ちはしっかりと伝わり、自己肯定感の土台がつくられていくことがわかる。

ほめるよりも大切なのは、もっと根本的なところで「子を思う心」である。「悲しげな眼」は、わかりやすい例としてあげただけで、べつに「悲しげ」である必要はない。笑顔だっていい。

ただしそれは、子どもに好かれたいという自己チューな思いから来る笑顔とは異なるはずだ。子どものために敢えて憎まれ役を引き受けることも辞さないという深い思いに裏打ちされた厳しい眼もあるだろう。子どもはたとえきつい言い方をされても、背後にこのような深い思いを感じるとき、自分は守られていると感じるとともに、自分の価値を感じる。それが自己肯定感の土台となる。

私自身、二人の子どもが成人してみて言えることは、言い過ぎたって構わないということだ。普段から一緒に過ごし、じゃれ合っていれば、一時的に気まずいことになっても、嫌われたり恨まれたりすることはない。子どもへの思いがあることは子どももわかる。叱られたときは嫌な気分になり、反発を示しても、親の愛情は感じる。

むしろ、たまには叱られすぎて、傷つくようなことがあった方が、世の中の理不尽さにも耐えていける心の強さが養われていくだろう。子どもを傷つけないようにと気遣いすぎて、腫れ物に触るような姿勢になってしまうことこそまずいのではないだろうか。

人生初期の最重要課題

このような養育者と子の間の心の絆の形成を、人生初期の最重要課題としたのが、精神分析学者エリクソンである。エリクソンは、それを基本的信頼感の獲得という。

乳幼児心理学ではアタッチメント（愛着）といい、情緒的な絆が養育者と子どもの間に順調に形成されているかどうかが研究されている。

親の温かいまなざしを感じることで、自分は愛されている、大事にされている、温かく迎えられていると信じることができる。それが人間に対する信頼、ひいては社会に対する信頼になっていく。同時に、自分は愛される価値ある存在なのだと感じることが、自分自身に対する信頼、つまり自信になっていく。

親が自分中心で気持ちに余裕がなかったり、子どものためというより親自身のための子育てをしているような場合、子どもは自分が温かく迎えられているように感じることができない。そのことが生涯にわたる人間不信につながったり、自信のなさにつながったりする。

じつは「叱る」ということがうまく機能するためにも、基本的信頼感が必要となる。心の絆ができ、基本的信頼感があれば、厳しい叱責も自分のためと信じることができるし、一時的にムカついたり落ち込んだりしても、すぐに立ち直って、その体験を成長の糧にすることができる。

基本的信頼感さえあれば、つい感情的になった親から理不尽にきつい言葉をぶつけられるようなことがあっても、恨んだり憎んだりすることなく、適当に聞き流すことができるはずだ。

自己肯定感は周囲が与えるものではない。壁にぶつかり、頑張っても思うような成果が出ないことに悩み苦しみ、それでも頑張り抜いて自分に力がつき、成長し、壁を乗り越えることによって、あるいは乗り越えることができなくても、力を尽くしたという充実感を通して、徐々に培われていくものなのではないだろうか。

成長軌道に乗り、人生を前向きに生きている人たちは、克服の喜びを知っている。克服の喜びは、内発的動機づけの一種である。

「これをしたらご褒美をあげる」「良い成績を取ったら特別にお小遣いをあげる」「成績が悪かったら旅行は中止する」などと、賞罰によってやる気にさせることを外発的動機づけという。

それに対して、本人自身の好奇心が満たされたり、達成感・熟達感・充実感が得られたりすることで自らやる気になることを内発的動機づけという。克服の喜びも、達成感や熟達感に重なるもので、内発的動機づけといってよいだろう。

ほめられ、肯定されるばかりでは、現状に甘んじようという怠惰な気持ちになかなか打ち克つことができない。

親は「壁」となれ

有名な教育評論家が、「子どもが万引きしても叱らないように」と言ったことが話題になったことがある。真意は、頭ごなしに叱らずに、子どもの言い分にしっかり耳を傾けることが大事だということなのだろう。

もちろん子どもにもいろいろ事情はあるに違いない。「なぜ、こんなことをしたのか?」と尋ねられれば、何か思い浮かぶ理由を答えることはできるだろう。だが、事情があったからといって、ルールや法律を破ることは許されない。先の教育評論家の言葉を真に受けて「物わかりの良い親」になることは避けなければいけない。

ここで求められるのは、「ダメなものはダメだ」と切り捨てる父性である。ときに子どもから見て理不尽な「ダメ」があっても、親は自分の価値観をぶつけることで子どもを鍛える。親の言うことを受け入れるにしても、それに反発するにしても、子どもの心はその「壁」によって鍛えられ、成長する。

第1章であげた調査で、日本では「親のいうことを素直に聞く」ことを子どもに強く期待する親が29・6%と著しく低かった(フランスは80・1%、アメリカ75・2%)。日本の親は子どもに対して立ちはだかる「壁」になれていないことがわかる。

フランスの心理学者プリュは、子どもを幸せにする最良の方法は、フラストレーションを与えることだという。フランス人の子育てを観察したアメリカ人ジャーナリスト、ドラッカーマンも、つぎのように述べている。

「フランス人の親は、子どもにフラストレーションを与えるダメージを心配しない。

反対に、フラストレーションに対処できなければ、子どもがダメージをこうむると考えている。フラストレーションに耐えることを、人生の核となるスキルだと見なしているのだ」

「フランス人の専門家や親は、子どもは『ノー』の言葉を聞くことで、自分の欲望という暴君から救われると考えている。パリでバイリンガルの診察をしている家庭心理学者キャロライン・トンプソンはこう述べている。『小さな子どもの要求や欲望は、基本的にきりがありません。それが基本概念です。親がそばにいるのは――だから子どもにフラストレーションが生じるわけですが――それ（プロセス）を止めるためなのです』」（前出『フランスの子どもは夜泣きをしない』）

フラストレーションに耐える訓練は苦痛を伴うものだが、それが自然にできるようになったとき、子どもたちは大人のように忍耐強く振る舞えるようになった自分を感じて自信をもつはずだ。それが自己肯定感につながっていく。「かわいそうだから」と同情して、長い目で見て鍛えるということをしないでいると、子どもの中に自己肯定感は育っていかない。

子どもの心のコーチング？

子どもの心のコーチングなどというものがもてはやされているのをご存じだろうか。コミュニケーション技法のひとつを応用し、子どもの言うことに共感しながら耳を傾け、冷静に子どもの思いを引きだし、ひいては能力開発をしようという教育法だ。否定的なことは言わず、こちらの思いや考えを押しつけるようなことはせずに、要は子どもを傷つけない子育てをしようという方法なのだが、それは間違っている。

ちょっと考えればわかることだが、もし親がコーチングのスキルを使って、傷つけないようなものの言い方ばかりしていたら、どんな子になっていくだろうか。

まず、友だちとうまく遊べない子になるだろう。子どもというのは言いたい放題に何でも言う。ときにきついことや残酷なことも口にする。いつも守られていたら、そのたびに傷つき、「もうイヤだ」と親にすがりつく子になってしまうのではないか。実際、学生相談のカウンセラーをしていたとき、友だちの言葉がきつくて学校の人間関係に馴染めないと悩んでいる学生がけっこういたものだった。

ランチを一緒に食べる友だちができないから不登校になる大学生が増えているという

ことで、ランチを一緒に食べてあげるカウンセラーを雇う大学も出てきたというが、それでよいのだろうか。

学校でもそうだが、社会に出ればさらにいろんな人がいる。相手が傷つかないようにと気遣ってくれる人ばかりではない。自分勝手な人もいれば、無神経な人もいる。きつい言い方を日常的にする人もいる。そんな人たちともうまくかかわっていかなければ世の中を生きていけない。

このように考えてくると、子育てで大切なのは、子どもが傷つかないように過保護にすることではなく、多少のことでは傷つかないような強い心を育てることではないだろうか。

コーチングであれ何であれ、マニュアル化されたスキルは相手の気持ちに染み込まない。子育てでは、模範的な言い方をする必要などなく、ときに感情的になってもいいから、自分の言葉をぶつけることが大切だ。

子育て講演会やセミナーの講師を引き受けたついでに参加者たちの思いを尋ねてみると、不安や自信のなさを口にする母親が非常に多いのが気になる。

「子育ての仕方に自信がない」「自分の子育ての仕方が正しいのか不安」「育児書を読む

たびに、自分は良い親ではないのではと不安になる」「子育ての記事を読んでいると、理想的な親の態度と自分の態度があまりにかけ離れていて、自信がなくなる」

なかにはそうした周囲の母親たちを見て、鋭い意見を口にする母親もいた。

「子育てについてのマニュアルみたいなものが多すぎて、振り回されている人があまりに多いように感じます。もっと自信をもって子どもに接すればよいのにと思うんですけど」

「親になったからといって何もかも子育てのことを知っていないといけないと思わせるようなメッセージが世の中に溢れてるから、不安な親が増えるんだと思う。初めての経験なんだし、わからなくて当然。子どもと一緒に育つと思えばいい」

まさに、その通りである。模範的な子育てをしようなどと思う必要はまったくないのであって、自分流でよい。子育ては毎日が試行錯誤だ。気持ちが子どもにちゃんと向いていれば、どんな対応であっても、ときに感情的に叱ってしまい気まずいことになっても、すぐに修復できるし、気持ちは通じるものである。

「心のケア」を日常で使うな

私は育児相談員をしたり、児童のカウンセラーや学生のカウンセラーをしたり、家庭教育カウンセラーとして親のカウンセリングをしたりしてきた。このカウンセリングというのは、身体の病気で言えば、深刻な病気の治療のために集中治療室で保護するようなものである。

そのような緊急事態では、相手をやさしさで包み込み、保護する必要がある。間違っても厳しさで鍛える場面ではない。頑張りすぎて疲れ切ってしまったとき、傷ついて心がボロボロになってるときには、「もう、頑張らなくていいんだよ」と、しばらくのんびりさせることも必要である。

このセリフ、よく耳にしないだろうか。「そのままの君でいいんだよ」「頑張らなくていいんだよ」といった心のケアのセリフが日常生活にまで浸透してしまっているのだ。これでは効用どころか、弊害が大きくなってしまう。

平常時まで集中治療ケアをしていたら、まともに伸びたり育ったりすることは期待できない。平常時には、むしろ厳しく鍛える必要がある。たとえて言えば、ケガをしているときや熱があるときに走らせたりバーベルを上げさせたりして鍛えるのは無謀だが、ふだんから鍛えることをしないでいたら、ちょっと走ったり、少し重たい物をもったりすると、すぐにへこたれる子になってしまうだろう。

こうしてみると、子どもを傷つけないような言い方を身につけなければなどと気にしすぎなくてもよいことがわかるだろう。そんなことをしていたら、子どもはどんどんひ弱になってしまう。

そんなことに気を遣うよりも、子どもに伝えたいこと、伝えるべきことはしっかり伝えること。叱るべきときは毅然とした態度で叱ること。そして、子どもにホンネをぶつけ、子どもと一緒に楽しく過ごして、気持ちを通い合わせること。それが何よりも大切なことといえる。厳しい人生をタフに生き抜くことのできる心を育てるには、親が絶対的な愛情を向けるとともに、「壁」として立ちはだかることが必要なのだ。

もう結論づけてもいいだろう。子どもたちの自己肯定感が低いからと言って、「ほめて育てる」が解決になるとした専門家らは誤っていたのだ。彼らは自己肯定感の本質、ほんものの自信の意味を理解してはいなかった。その結果、ちょっとしたことで傷つきやすい子どもや若者、忍耐強く頑張ることができない子どもや若者が増えてきた。いわば自己肯定感のさらなる低下という事態を招いたのである。

第4章　日本の親は江戸時代から甘かった

親たちの「嫌われたくない心理」

子どもを毅然と叱れない親。子どもの機嫌を窺い、甘やかす親。彼らに透けて見えるのは、「嫌われたくない心理」である。「ほめて育てる」という思想が、なぜ多くの親に受け入れられていったのか。そのことを考えていくと、もうひとつ、子どもに嫌われたくないという親の問題が浮上してくるのである。

憎まれ役を買って、敢えて厳しいことを言うよりも、ほめてる方がラクだ。子どもにイヤなことを言って嫌われるより、ほめて好かれたい。

憎まれ役を買ってでも鍛えて社会に送り出すといった使命感より、子どもに嫌われたくないという自己チューな思いの方が強い親にとって、「ほめて育てる」という思想は非常に都合のよいものだった。ただ子どもとニコニコ、快適に過ごしていられるのだから。

じつは「ほめて育てる」というのは、子どものためというより、親自身の自己愛を満たすためと言える。彼らはペットのように子どもをかわいがる親とも言えるだろう。自分の淋しさを紛らすためなのか、子どもを自立へと駆り立てることなく、いつまでも自分を頼っていてほしいと願うのだ。そこにみられるのは、子どもを一人前に育て上げて社会に送り出すのが使命であるという親としてのアイデンティティの崩壊である。

叱るにはエネルギーがいる。なぜその行為がいけなかったのかを言って聞かせる間に、子どもの表情はみるみる歪み、涙を流し始める。「もうしない！　もうしないから！」と泣いて訴え、ときに泣きながら隅へ行き、泣き疲れて眠る。見ると、目のあたりには涙が溜まり、光る筋もついている。どんなによかれと思って叱った覚悟も「あそこまで厳しく叱らなくてもよかったか」とぐらつくことがある。それでも我が子のためだと思い直し、明日はどんな言葉をかけようかと考える――。

こんな日常は、よほど子どもへの愛情がないとできないことだ。

親が抱える心理的問題

「嫌われたくない心理」に続いて、「育てる」という視点に立てない親について、あと二つの心理的問題を整理してみよう。

ひとつが「かわいそうと思う心理」である。叱られればだれだってシュンとなる。嫌な気分になったり、落ち込んだりするものだ。叱られて嬉しい子どもなどいない。子どもがシュンとなるのを見ると、不憫でならない。だから叱りたくない、叱れないというわけだ。

だが、そのかわいそうという心理は、あまりに近視眼的だ。もし望ましくない行動や歪んだ考え方が改まらないまま大きくなったら、将来もっと深刻な意味でかわいそうなことになるのではないか。そこには、第2章で解説した母性原理の弊害がみられる。溢れ出す母性が、鍛えるという父性原理の働きの邪魔をするのである。

社会に適応できる人間、力強く人生を切りひらいていける人間へと社会化していくのが親の役目のはずである。そうであるなら、子どもがシュンとすることになっても必要に応じてあえて厳しく鍛えねばと思うのが、本来の親心ではないだろうか。

第三に、「自身の感情コントロールが苦手」ということだ。いったん叱るとなると怒りすぎてしまい、後悔することが多いため、叱ること自体を躊躇する親もいる。

ついカッとなって感情的になる。勢いで人格攻撃のような言い方をしてしまう。ときに手も出てしまう。それで子どもが激しく反発したり、ひどく傷ついたりして、非常に気まずくなり、親子の関係がぎくしゃくする。自分の叱り方がまずいのだという自覚はあっても、何かあるとまたカッとなって同じような怒り方をする。これではいけないということで、極力叱らないように心がけることになるわけだが、それではしつけの放棄になってしまう。本来なら、叱り方が悪いから叱らないようにするというのではなく、感情を爆発させないことをまず心がけるべきだろう。

親として毅然と叱れるようにするには、以上のように親自身の気持ちの問題を振り返って整理しておくとともに、叱ることの意味を自覚しておくことが必要だ。叱ることの意味をきちんと自覚していれば、自信をもって叱ることができる。

子どもは、ほめてくれるからといって、愛情深く見守ってくれている、大事に思ってくれていると感じるわけではない。叱らないからといって、大事に思われていると感じるわけでもない。

子どもには、思いのほか敏感なところもある。子どもよりも、自分のことで精一杯な親や教師を見抜く。私も子どもの頃、やさしそうに見えて保身的な先生とほんとうにやさしい先生を区別していたし、愛情をもって厳しく叱る先生と勝手な感情で激しく怒る先生を見分けていた。そういったものは、非言語的な次元で何となく伝わってくるものだ。

本来は、親元を離れても、サポートなしでも、一人前に強く生きていける逞しい心に鍛え上げ、社会に送り出すのが親の役目であり、愛情であるはずだ。将来的には、自分が死んだ後も、子どもにはあと一世代生き抜いてもらわねばならないのだから。

それなのに、自分が淋しいから手元においておきたい、いつまでも自分から自立していかないでほしいと、子どものためでなく自分のための子育てをしてしまう親が増えている。子どもの反発を嫌がり、嫌われたくないという思いが強く、ついつい甘くなり、ほめることはできても、厳しいことが言えない親が増えている。

そんな親が、逆境に弱く、思い通りにならないとすぐ感情的になり、イライラしたり、怒り出したり、落ち込んだりする人間を育ててしまう。そのように育てられた子どもは、鍛えられていないため、他人に依存的で、自分の問題を自分で考えて解決することができず、何かと感情的になって大騒ぎをし、人に助けてもらおうとする。助けてくれないと恨む、拗ねる、ひねくれる。つまり、甘えが強いのだ。

そのような子育てをする親のことを、幼い子どもは何もわからず良い親だと勘違いするだろうし、幼い頃から手なずけられた子は青年期になっても目が覚めずに良い親だと信じ続けるかもしれない。だが、ほんとうは利己的で、愛情薄い親なのである。自己愛の延長として子どもをかわいがっているだけで、ほんとうに子どものことを考えてはいない。

貝原益軒の戒め

ただし、元来子どもに甘く、ともすると甘やかしてしまう習性が、私たち日本人にはあるのも事実である。江戸時代の子育て書をみると、子どもを甘やかすことへの戒めが目立つが、これは戒めないといけないほどに、甘やかしが横行していた証左と考えられる。

教育学者の中江和恵も指摘するように、江戸時代の教育論者には、親の子に対する愛情の不足といった問題意識はまったくといってよいほどない。その一方で、溺愛することで子どもを育て損なってしまうことへの懸念が強い。

たとえば、貝原益軒は、日本で最初の教育論とされる『和俗童子訓』のなかで、「およそ小児をそだつるに、初生より愛を過ごすべからず。愛過ぐればかえりて児をそこなう」(貝原益軒『和俗童子訓』山住正己、中江和恵編注『子育ての書2』)

とし、子どもかわいさのあまり美味しい物を与えすぎたり、厚着をさせたりすることで、かえって身体を弱くさせ、わがままにさせてしまうと戒める。

「衣服・飲食・着物・居処・僕従にいたるまで、その家の位より貧《まど》しく、乏足にして、もてなしうすく、心ままならざるがよし。いとけなき時艱難にならえば、年たけて難苦に堪えやすく、忠孝のつとめを苦しまず、病すくなく、驕りなくして放逸ならず、よく家を保ちて一生の間の幸いとなり、後の楽しみ多し。（中略）幼少より養い豊かにして、もてなしあつく、心のままにして安楽なれば、驕りにならい私欲多くして、病多く、艱難に堪えず」（同書）

このようにも言い、将来のために子どもの頃に苦労させることを推奨する。

「およそ子を教ゆるには、父母厳にきびしければ、子たる者、おそれ慎みて、親の教えを聞きてそむかず（中略）婦人または愚かなる人は、子をそだつる道を知らで、つねに子を驕らしめ、気随なるを戒めざる故、その驕り、年の長ずるにしたがいていよいよ増す。（中略）姑息の愛すぐれば、たといあしき事を見つけても、ゆるして戒めず」

「必ずその子を褒むる事なかれ。その子の害となるのみならず、人にも愚かなりと思われて、いと口惜し。親の褒むる子は、多くは悪しくなり、学も芸もつたなきものなり」（同書）

子どもはほめるとダメになるとまで言っている。だが、そこまで厳しいことを言うのは珍しい方だった。同時代の心学者、手島堵庵は、子どもは親が厳しくするのは愛情ゆえだということがわからず、厳しすぎるとひねくれ者になってしまうので、やたらと怒鳴ったりせずに、静かに道理を教えるようにと説く。

その弟子の脇坂義堂も、幼い子を厳しく育てるようにという人もいるが、温和に育てるのがよいという。悪いことをしたときに折檻するだけだと、悪いことをしたときに折檻を怖れて隠すようになるだけなので、悪いことをしたときには温和に言い聞かせ、教え育てるのがよいとする。

ただし、折檻などで厳しく叱ることを批判するものの、嘘をついたり、親の言うことに口答えしたり、わがままを言ったり、かんしゃくを起こしたり、人に対して失礼な態度を取ったり、ケンカや口論をしたり、人をバカにして自慢をしたり、すべきことをまじめにやらなかったりしたら、けっして見逃さず、厳しく注意するようにという。注意の仕方として折檻するのではなく温和に言い聞かせるようにというのである。

このように、江戸時代の教育論者たちは、子どもを溺愛し甘やかすことを批判し、幼い頃からきちんとしつけるべきだというものの、怒鳴ったり体罰を与えたりして怖がらせるのではなく、子どもにわかるように説明することを説いていた（中江和恵『江戸の子育て』）。

かつての欧米では、体罰を積極的に用いて子どもをしつけるのがふつうだったのに対して、日本では子どもになかなか厳しくできないために手を焼いていたようである。

江戸時代の農村の子育てを検討した教育学者も、親子関係においては慈しみという親の愛情が重視され、短気を起こさずに、気長に教えることが奨励されたという。

「農業を継がせるという目標については厳格だが、方法は思いやりに満ちた丁寧で柔らかい子どもの社会化がめざされているのである。このように家業を良く継承しようとする近世農民家族の子育てにおいては、農人として一人前にするという明確な目標のうえに『教え』ることが重視され、その教えの方法は共感に満ちた思いやりの深い根気強いやり方が推賞されるのだ」(太田素子「もう一つの〈子どもの発見〉」小嶋秀夫、速水敏彦、本城秀次編『人間発達と心理学』所収)

「子ども組」「若者組」の厳しさ

このように、もともと日本の親は子どもに甘い傾向があったのだが、それを厳しさで補っていたのが共同体の子育てだった。

日本の近世においては、子どもは家の子どもとしてのみならず、共同体の子どもとしても育てられた。共同体の子育てを担っていたのが、子ども組や若者組である。

子ども組は、子どもの社会化機能を担うもので、7歳から15歳までの少年によって構成される自治的な組織であった。男子は15歳、女子は13歳になり成年式を行うと、若者組・娘組に入った。若者組に入ると、厳しい戒律を守りながら社会的役割を担うようになるというのが一般的であり、その加入のために厳しい試練を課す儀式が執り行われることもあった。

子ども組では、異年齢の子どもたちが協同してさまざまな行事を行うことを通して、やがて組み込まれていく社会に適応するのに必要な社会性を身につけていった。とくに、各種の祭などの年中行事に際して、若者組とともに中心的な役割を果たした。そこでは、子どもたちの活動が地域社会に直結しており、子どもたちは社会的役割を立派に担っていたといえる。

このような共同体が一人前の社会人になれるように子どもや若者を鍛えるということは、近世ばかりでなく、明治時代になってからも行われていた。学校教育が制度化され、教育・しつけ機能を学校が担うようになっても、地域社会によるしつけが根強く機能していた。そのことを示す調査結果もある。

教育学者の佐野茂は、庶民家庭に育った明治・大正生まれの年長者に物心つき始めた頃から小学校卒業頃までのことについて回想してもらうという調査により、明治後半から昭和初期あたりのしつけについて尋ねている。それをみると、当時はしつけは地域と学校が担っており、親の影は薄かったことがわかる。回答には次のようなものがあった。

「家族というよりも地域からでとにかく家よりも十倍も二十倍も厳しかった」
「学校も厳しく父母はノータッチで先生の言われるとおり実践していた」
「部落全体から教わった」

「全て学校任せだったと思う。こころがけての家庭のしつけというものは記憶にない」

「家族の人からというよりも、学校、地域の人から言われたと思う」

「家庭でというよりも青年会なんかによくしぼられた」

「学校、若衆連中でいろいろと厳しく注意ごととかを言われたが、家で何かとりたててという記憶はない」

「特段家庭においてしつけというものはなかったと思う」

「おそらく地域全体からいつのまにか社会のルールを学んでいた気がする」

「家庭からいろいろと学んだという意識はないのだが」

「家族からそれほどうるさくいわれなかったが、若衆に入ってから厳しかった」

「若者衆でのルールがとにかく厳しかったので家庭でのしつけは忘れた」

「しつけは学校でされたと記憶している」

「部落のしつけは厳しかった。部落のしつけを身につければ一人前であった」（佐野茂『明治期後半、大正、昭和初期の庶民階層における家庭の教育に関する一考察――年長者からの聞き書き調査による「一家団欒」の考証』）。

子どもが地域の「お客さん」に

このような地域のしつけというのは、現代では完全に消滅したといってよいだろう。子ども組は、「子ども会」などの形で現在に至るまで継承されているとみるむきもあるが、かつてのように子どもが地域社会の中で一定の役割を担うという感じではなくなってきた。

私自身が子どもの頃でさえ、祭の時に大人の指示に従って一定の手伝いをするにすぎなかったし、私の子どもが幼いころには、すでに子ども会は親たちが取り仕切っており、何らかの地域の催しの際も、子どもたちは「お客さん」であった。

また、今の日本では、かつてのように井戸端会議をしながら、あるいは夕涼みをしながら子どもを見守る大人の姿をみかけることがなくなった。近所の子を叱る前提となる近所づきあいそのものが非常に希薄化しているのである。うっかり近所の子を叱ったりしたら、問題になりかねない。

ある心理学者は、スイスで2年間暮らしてみて、子どものことで一番驚いたのは、自分の子どもが他人に思い切り叱られることだったという。はじめのうちは驚いたものの、自分の子どもの悪い面が他人からどんどん注意されるので、そのうち叱られることに免疫ができてしまったという（山添正『「父性」のたてなおし「母性」のみなおし――子どもの自我発達への援助』）。

翻って日本では、地域社会の大人たちみんなで子どもをしつけるという雰囲気はないうえに、学校でも先生たちは生徒を厳しくしつけたり鍛えたりということがしにくくなっている。子どもをしつけ、鍛えることは、もはや親が全面的に引き受けるしかない。共同体の子育てというものが消滅し、子育てが私事として行われるようになった。それが今の日本の実情であろう。

ゆえに、かつても日本の親は甘かったのだからそれでいいのだと呑気に構えていると、子どもを育て損なうということも起こってくる。親が子どもを社会に出てやっていけるように鍛えなければ、だれも鍛えてくれない。地域社会も学校も当てにできない。

そのような時代ゆえに、親としては、子育ての私事化ということを踏まえた対応が求められているのである。

本章の最後に、宣教師ヴァリニャーノのことばを記しておきたい。１５７９年にキリスト教伝道のために初めて日本を訪れてから、関ヶ原の合戦を経て徳川家康が江戸幕府を開く直前にあたる1603年のはじめに日本を去るまで、三度日本に滞在した宣教師である。甘い日本の親たちも、教えるべきことはしっかり子どもに教えていた。

「日本人はきわめて忍耐強く、飢餓や寒気、また人間としてのあらゆる苦しみや不自由を堪え忍ぶ。それは、もっとも身分の高い貴人の場合も同様であるが、幼少の時から、これらあらゆる苦しみを甘受するよう習慣づけて育てられるからである」（ヴァリニャーノ著、松田毅一他訳『日本巡察記』）

第5章　母性の暴走にブレーキを

アメリカでの揺り戻し

アメリカでは、親があまりに子どもに厳しすぎることから、子どもの人権を守ろうという動きが1970年代から起こり、子どもの地位が向上したということはすでに述べた。こうした動きのなかで刊行された、心理学者ゴードンによる『親業――子どもの考える力をのばす親子関係のつくり方』(1970年刊行、邦訳98年)は、子育てのマニュアルとして初めて、親子の平等を推奨したことが画期的だった。

そして今や、アメリカでも甘やかし、ほめすぎる親が増えてきたのだという。

親たちは、ほめれば子どもの自尊心は高まり、それが子どもの人生の成功につながると信じている。ほめれば子どもの成績が上がると信じている。ほめればほめるほど能力が伸びると思い込んでいる。子どもにやる気を起こさせるには、ほめるのが一番だと思っている。アメリカの心理学者二人は、次のようにこの風潮に懸念を示している。

「ほんのちょっとしたことができただけで、ときにはうまくできなかったときでさえも、子供を褒めそやすのだ。本当は駄目なのに自分をすばらしいと思うのはナルシシズムへの近道なのだが、多くの親と教師はそれを自尊心と呼び換えて日々子供を励ましている」

「残念ながら、褒めすぎは期待されるほどの良策ではない。ナルシシズムの原因になりうるばかりでなく、かえって子供の足を引っ張ることにもなる」（ジーン・トウェンギ、W・キャンベル著、桃井緑美子訳『自己愛過剰社会』）

親が子どもをやたらほめることの弊害で、最近の学生には「自分は特別」という思いが強く、忍耐力が低下していると指摘する。実際に、特別意識が強く、地道に頑張ることができないナルシシスト的な若者たちに訊くと、自分の親は甘く、自分をべたほめしたという者が多いという。

日本が取り入れた「ほめて育てる」思想は、発祥の地でも悪影響が指摘されているわけだ。厳しい父性原理を背景とした社会で「ほめて育てる」が甘やかしにつながるなら、父性原理が機能していない日本ではより一層深刻な影響が出るはずだ。

これまでにみてきたように、欧米では親も先生も「ほめ上手」で子どもをよくほめるからといって、日本の親や先生もそれに倣おうという発想には無理がある。もし完全に

「ほめて育てる」を取り入れ、さらに弊害が起こらないようにするなら、親子関係のあり方も欧米流に変えていく必要がある。はたして私たち日本人にそれができるだろうか。文化的な伝統を考えたら、このような路線を無理して貫く必要もないのではないか。欧米人がそれぞれの国の文化的伝統を捨てて日本流の親子関係をもつようにしようなどと思わないのと同じである。

そもそも日本の子育てが欧米に劣るとして、欧米流を模範にする必要がどこにあるのだろうか。本書最後の章では、これを念頭に、いま考えるべきことはなにかを探っていきたい。

イザベラ・バードの驚嘆

明治初期に来日したイギリスの旅行作家、イザベラ・バードは、これほど自分の子どもを可愛がる人々を見たことがないと驚嘆した。同じ時期に来日して大森貝塚を発見したアメリカ人モースも、世界中で日本ほど子どもが親切に扱われ、子どものために深い注意が払われる国はないと賞賛している。それほどの違いが、見られたのだろう。

教育学者の中江和恵があげるつぎのような自身のエピソードが、子どもに対する姿勢の欧米と日本の違いを端的に示している。かつてアメリカにホームステイしていたときのことだという。

「その家には五歳の女の子がいた。たまたま親戚の若い女性がやって来たので、女の子が、彼女にちょっとしたトリックのある玩具を見せた時のことである。女性は面白がるどころか、『子どもの時はそういうものに驚いたけど、今は大人だからもう驚かないのよ』と真顔で答えたのである。

（中略）日本であれば、大人が幼い子に話しかける時は、『ワンワンね』『ブーブーよ』などと、幼児語を使うのが普通だ。大人は子どもの気持ちに即して、一緒に遊び、驚いたり面白がったりするのが一般的である」（『江戸の子育て』）

もちろんアメリカ人のすべてがこの女性のように子どもに対して共感的でないわけではないだろう。事実、私の子どもたちに対して共感的に対応してくれたアメリカ人を知っている。だが、アメリカ人の子どもと話すと一般にひどく大人びているのを感じる。それは大人たちが「子どもらしさ」というものに対してあまり肯定的ではないからではないか。それが大人への憧れを生み、早い自立をもたらすのであろうが、私は子ども時代には十分子どもらしく過ごすのはけっして悪いことではないと思う。

何事も大人中心で子どもにある意味冷淡な欧米社会と比べて、日本では子ども中心と言ってもよいくらいに子どもが大事にされている。これは誇るべきことなのではないだろうか。この良さを捨てて欧米化する必要はさらさらないように思われる。

「心理的一体感」を前提に

「ほめて育てる」ということがよく言われるようになった1990年代頃から「引きこもり」という言葉が一般に普及し、2000年頃から「ニート」の増加が社会問題として注目されるようになってきた。

こうした社会に出ていく力の衰弱という問題の背景には、行きすぎた心理的一体感があると考えられる。日本流の「親子の心理的一体感」を前提とするならば、「ほめて育てる」どころか、言語でのやりとりにはある程度距離を取る必要があるのではないか。

口では厳しいことを言いながらも、その眼には愛情が溢れている。言葉はあっさりしていても、じつは心の中には深い愛情が満ちている。言葉の上では無関心を装いながらも、ほんとうは気になって仕方がない。これらは、私たち日本人にとって、お馴染みの人間模様のはずだ。

父性原理の厳しさを、ほめたりやさしい言葉をかけたりすることで中和しなければ子どもが厳しさに潰されてしまう欧米に対して、日本では母性原理のやさしさを、言語的に距離を取ることで中和しなければ子どもがやさしさの渦に呑み込まれ溺れてしまう。

そうした文化的背景の違いを無視するわけにはいかない。

「ほめて育てる」がここまで浸透したいま大切なのは、母性の暴走にブレーキをかけることである。

海外から日本にやってきた人たちは、日本の親が子どもにあまりに甘いのに驚くという。子どもが欲しがるものをすぐに買い与えてしまう。テレビを見る時間とか、ゲームをする時間とかを決めても、子どもに何が何でもルールや約束事を守らせるという強い意志が感じられない。子どもが言うことを聞かなくても、それをなんとかしようともせずに、「ウチの子は言うことを聞かなくて困る」と笑っている。子どもが公共の場で他人に迷惑をかけていても厳しく注意しない。そんな親をそこらじゅうで見ることができる。

共同体の子育て機能が消失し、それぞれの家族による私事としての子育てということになってくると、社会を視野に入れた子育てが行われなくなり、社会規範に則ったしつけではなく、理性より感情に流された子育てになっていく。親は、「こうあるべき」に縛られることなく、「かわいそう」といった自己感情に流されるようになる。

そうなると、もともと弱かった父性がますます希薄化し、母性の暴走にブレーキがかからなくなる。失敗したら傷つくだろうしかわいそう、本人はまだよくわかってないのだから親が口出しするのが当然といった感じに過保護になる。

私たちは多くの失敗から学んできたはずなのに、失敗しないように手を貸したり先回りしてアドバイスしたりすることにより、本人は失敗から学ぶということができず、思いがけない事態への対応力や挫折を乗り越える力が鍛えられない。長い目で見たら、その方がよほどかわいそうなことになる。

「自分がいなければ、この子はダメなんだから」と嬉しそうに言う母親。「お母さんだけが気を許して何でも話せる相手です」と恥ずかしげもなく口にする若者。そんな様子を見ていると、親離れできない若者の背後に子離れできない親、子どもを自分の満足のための道具にする親がいることは疑いようもない。

母性にどっぷり浸かって育ち、自立していない親が、子どもに依存することで自分を支えようとする。そこに子どもとの間の共依存が生まれ、子どもの自立の足が引っ張られる。

前出のマークス寿子は、イギリスでは子どもが大学にはいる年齢、あるいは仕事に就く年齢になれば、親は男子であろうが女子であろうが子どもを家から追い出すし、子どもも親と一緒にいるのは恥ずかしいという意識があり独立するという。そもそも欧米では、日本のように親が子どもの言うことを聞くというような感じはなく、子どもは親の言うことを聞かねばならないため、自分の自由にやりたいと思えば独立するしかないのである。

子どもと親密にしている心地よさに浸るのは、子どもの児童期までと考え、思春期以降は子どもを心理的に切り離すように心がけることが必要だ。利己的な気持ちに打ち克つことができないと、子どものためになるしつけはできない、つまりほんとうのやさしい親にはなれない。

日本の親も子も、もっと淋しさに浸る必要があるのではないか。日本の少子化が問題になっているが、親が今のように子どもを突き放すことができず、子どもが深い孤独に浸ることがなければ、恋愛も結婚も必要なくなってしまう。

日本流子育ての優れたところ

子どもが幼いうちは、受容的にかかわることで子どもの心の世界は安定する。子どもが幼いころの子育てで大事なのは、親子の間に心の絆を築くことである。子どもの側からすれば、自分は大切にされている、愛情の絆に支えられていると実感できることであり、精神分析学者エリクソンのいう基本的信頼感の獲得である。

この点に関しては、日本的な子育てはきわめて優秀といえる。

心理学者三宅和夫は、第3章で触れたアタッチメント（愛着）に関する各国のデータをまとめており、なかでも非常に興味深いのは、日本の子どもには「安定型」に分類される者が7割以上と圧倒的に多いことである。安定型というのは、養育者との間で情緒的な絆がきちんと形成され、情緒が安定しているタイプのことである。養育者が子どもに対して受容的で、子どもの要求に敏感に反応する場合に、このタイプの子どもになっていくと考えられている。

反対に、ドイツの子どもでは、「安定型」は33％と少なく、「回避型」が49％と最も多い。回避型とは、養育者との間に情緒的絆を求めることをしないタイプ、つまり情緒的な絆を諦めているタイプである。諦めているため、駄々をこねたりしないわけだが、他人を信じ期待する日本的な価値観からすれば、けっして好ましい状態とはいえない。養育者が子どもに対して拒否的な場合に、このタイプの子どもになっていくと考えられている。日本の子どもでは、回避型は0％、つまり皆無となっている。

子どもが幼い頃は、親との間にアタッチメントが健全に形成されることが必要である。それによって子どもは心の平安が得られ、落ちついてものごとに対処できるようになる。親が安全な基地として機能することが大事だと言われるのも、そのためである。ここに逃げ帰れば身が守られるという安全な基地があるからこそ、勇気を出して冒険に出ることもできる。並走してくれるボートがあれば、思い切って遠泳ができるのと同じだ。

その意味では、子どもは突き放せばいいというものではない。子どもが幼い頃から突き放す欧米流の子育ては、この点においてデメリットがあると思われる。日本的な思いやりとか共感、また日本人にみられる人を疑わず信頼する態度も、幼い頃からの親との間の情緒的絆によるところが大きいのではないか。

一緒にじゃれついて心のふれあいを日頃からたっぷりもつような親子関係によって情

緒的な絆ができていく。あまりに早期から突き放す親の態度では絆ができないのはもちろんのこと、遠慮がちな親の態度、腫れ物に触るような親の態度では、心のふれあいが起こらず、安定した情緒的な絆は形成されない。

親子の間に安定した情緒的な絆があれば、厳しく叱っても、ときについ感情的に叱りすぎてしまっても、子どもとの関係に心配なことは生じない。どんなに厳しく叱っても、その時は反発しても、結果的に子どもに嫌われるようなことにはならない。

また、親子の間の安定した情緒的な絆が、子どもが健全な自立へと向かう基盤になる。十分に甘えることができ、依存することができ、自分は愛情深く支えられていると感じることによって、思い切って冒険の旅に出る勇気が湧いてくる。つまり、自立へと歩みを進めることができる。

子どもが幼い頃に情緒的な絆をしっかりつくって子どもの心を安定させるという点では、日本の親の姿勢は非常に優秀といえる。ただし、問題なのは、いつまでも子ども扱いをして自立へと駆り立てることができないことにある。

このことに関して、心理学者鯨岡峻は、つぎのような指摘をしている。

「依存にはどこまでも相手に甘え、抱えられたその心地よさに埋没し続けようとする一面があることも確かです。弱さゆえの依存が、そこでの満足をバネに自立に向かうのではなく、弱さが肯定された心地よさに酔いしれ、依存のなかでおのれの弱さに溺れてしまう危険も充分にあるのです」

「単に自分の都合や自分の思い通りを貫こうとするための依存、あるいは自分の弱さのなかに逃げ込むような依存には、わが国の〈育てる者〉たちはあまりにも甘いのです。受け入れる必要のある依存と自分ですることの喜びへと導くべき依存との区別がつかなかったり、取り違えたりしているところに、今日の子育ての問題の一つがあるといっても過言ではありません」（鯨岡峻『〈育てられる者〉から〈育てる者〉へ——関係発達の視点から』）

子どもの甘えをどこまで、いつまで受け入れるか。親としては、愛情に裏打ちされた厳しい目をもって、そこをよく見極めなければならない。

頑固オヤジという権威

戦後の価値観の崩壊があらゆる権威の否定をもたらし、権威というものに対するアレルギー反応が広まったのだろう。親の権威にも否定的な感受性が浸透し、親子といえども対等だといった意識が親の側にも一般化していった。その結果、親のしつけ力が失われ、子どものやりたい放題、わがまま放題になってしまった感がある。

親の権威ということになると、かつての権威をもった父親というのは、けっして好ましい人物ではなく、横暴だったという批判もある。たとえば、教育社会学者によるつぎのような見解もある。

「『昔は家族の中で父親がしっかりとした存在であった』という論もよく耳にする。しかし、そうした議論は、裏返しの悲劇や抑圧が数多くあったことを忘れてしまっている。家族に対して権力と権威を持った昔の父親が、必ずしも物事のよくわかった人たちばかりではなかったこともまた事実だったのである。（中略）戦後の多くの若者たちが経験してきたことは、頭が固く専横な父親の干渉や支配と対立し、そこから抜け出すことではなかっただろうか」（広田照幸『日本人のしつけは衰退したか――「教育する家族」のゆくえ』）

ここで言われていることは正しい。かつての権威をもった親が人格的にも能力的にも優れていたわけではない。ただし、少し視点を変えてみると、親の権威というものがそれほど忌まわしいものではないように見えてくる。

そもそも親といえども、ただの人である。物事の道理のわかった人ばかりであるわけもない。ただの頑固者、頭が固く横暴なだけということもあっただろう。子どもの言い分にまったく耳を貸さない親との闘いに苦しんだ若者もいただろう。だが、そうした抑圧的な力の効用ということにも目を向ける必要があるのではないか。

物わかりのよい親でなく、一方的に自分の価値観をぶつけてくる頑固な親だからこそ、反抗によって心が鍛えられ、自立への希求に突き動かされて自分が育っていく。そのような意味で、抑圧的な親は子どもを鍛える装置として機能していたと言えないだろうか。

子どもが健全に育つにはどうしても権威が必要である。立ちはだかる壁が子どもを鍛え、子どもを守る。仕方なく従うにしろ、その理不尽さに反発するにしろ、親の価値観という立ちはだかる壁があることで、子どもは自分の価値観を打ち立てていくことができる。

物わかりのよい親というのは、子どもの意思を尊重したい、子どもの自由にさせてやりたいなどと言いつつ、結局子どもを鍛えるための子どもとの葛藤に耐える力をもっていないだけなのだ。そんな自分に甘い親が、子どもを路頭に迷わせている。自由放任の状態で、子どもは自分の価値観をどうやって鍛え、そして確立していくのだろうか。

「意思を尊重」「自由に」などといっても、自分を方向づける基準を子どもがもたなければ、自分を律することがなく、ただ衝動を剝き出しにして行動することになってしまう。快／不快を基準に生きる。意志が弱く、ただ気分に流される。自分の意思などなく周囲に流される。そんなことになっていく。

たとえ親の価値観を理不尽に感じ、反発するにしても、それが自立の力になっていく。

親が甘くて何だか守られている感じがなくて淋しかったという若者や、親が厳しいという友だちが羨ましかったという若者がいるが、毅然とした態度でしつけようとする親というのは、鬱陶しい存在であると同時に、頼れる存在でもある。

親としての権威を自覚し、自分の価値観、わが家の方針を、自信をもって子どもにぶつけることが必要なのではないだろうか。

婉曲的注意を見直してみる

「そんなことを言うと、みんなから笑われるよ」
「そんなことをしてると、お母さんが笑われるでしょう」
「そんなことをしたらお巡りさんに叱られるよ」

自分の意見として「ダメ」「こうしなさい」と叱るのではなく、世間の人を引き合いに出したり、母子一体感を前提として気持ちに訴えたりする。

このような叱り方は、親として毅然とした態度ではないとか、理屈が通っていないとか、世間体を持ち出すようでは主体性がないとされてきた。だが、私たちの心はそれぞれの文化的伝統と深く結びついているのである。気持ちにアピールするような注意の仕方は、日本人にとって有効なしつけの手段として長く機能してきたことを忘れるべきではない。

「そんなのはもう古い。海外では――」などという欧米かぶれの専門家もいるが、「古いやり方」よりも「新しいやり方」の方がよいという根拠がどこにあるのだろうか。さらに言えば、その海外流のやり方を「新しいやり方」と感じるのは日本人だけで、海外では伝統的に行われてきた「古いやり方」だったりするのである。

新渡戸稲造は、『武士道』の中で、恥を知る心は子どもを教育するうえで第一の徳目であり、「笑われるぞ」「体面を汚すぞ」「恥ずかしくないか」などは、子どもに対して正しい行動を促すときの最後の戒めだったとしている。

このような叱り方は、時代を超えて今でもごくふつうに行われている。日本文化の中で伝統的に機能してきたものを欧米を基準としてことごとく否定するのもおかしなものである。

作家司馬遼太郎は、ドナルド・キーンとの対談の中で、「みっともない」というような美意識だけで治安が保たれている国は日本の他にはないのではないかと指摘している（司馬遼太郎、ドナルド・キーン『日本人と日本文化』）。

たしかに「みっともない」という感覚は、私たち日本人にとって非常に身近なものといえる。法に触れると罰せられるからしないというのでなく、法に触れず罰せられることがなくても、「みっともないことはできない」といった感受性が、己にブレーキをかける。それは、私たちが日常的に経験していることのはずだ。「笑われる」「みっともない」といった言葉の威力は侮れない。

実際、「こうしなさい」「それは許さない」と親自身の意見を前面に出してしつける欧米社会よりも、「こんなこともできないなんてみっともないな」「そんなことを言ってると笑われるよ」などと世間の目を持ち出して婉曲的な言い方で注意する日本の方が治安がよいという現実がある。

日本文化に根づく婉曲的なしつけ方を否定するのではなく、むしろ再評価すべきではないだろうか。

「いい子アイデンティティ」を刺激せよ

悪いことをした子に対して、「いい子だから、そんなことはしないでね」「いい子だからやめようね」というように注意するのは、私たち日本人にとっては日常のことである。私自身も子どもの頃に何度も言われた言い回しであり、大人になってからは子どもたちに幾度となく投げかけてきた。

だが、欧米人にはどうにも納得のいかない言い回しということになる。欧米式に考えれば、「悪い子だ、そんなことはやめなさい」と注意すべきだということなのだろう。悪いことをした子をなぜ「いい子」というのかがわからないようなのだ。言葉の意味だけを取り上げれば、たしかにそうかもしれない。ここにも言葉面よりもその子の気持ちを重視する日本文化の特徴があらわれている。

明らかに悪いことをしたのに、その事実にいったん目をつぶって、「いい子だから、そんなことはしないでね」と言う。すると、子どもは言うことを聞いてやめる。それに対して、「おりこうだね」と声がけする。悪いことをしたことを責めずに「いい子」というし、悪いことをするのをやめただけで何も良いことをしていないのに「おりこう」と言う。

ここには、欧米流の「ほめて育てる」とは異質の、日本流の「期待によって育てる」「信じて育てる」コツが隠されていることがわかる。悪いことをした子も切り捨てずに、その心の中に「良くなりたい」という思いがあることを信じ、そこを刺激するのだ。父性原理で子どもを導く欧米に対して、母性原理で子どもの気持ちに訴えかけるのだ。

「おりこうだから、もうそんなことしないよね」とか「いい子だね」というのは、けっしてほめているわけではない。よくなってくれるように期待を込めているのだ。そして、そうなることを信じている。なぜなら、日本人の心の深層には、他者の視線を裏切れないという姿勢が強く刻まれているからである。

このような声かけは、今に始まったものではなく、ずっと昔から引き継がれてきたものといえる。たとえば、江戸時代の儒者、小町玉川は『自脩編』の中の子育てを論じた箇所で、「悪い子だ」と言ったのでは子どもは悪くなっていくばかりだから、「よい子だ」と言って喜ばすのがよい、「よい子だ」と言われて嬉しくなればよい子になろうとするものだ、というようなことを言っている。

他者の目によって自己形成がなされるという現代の心理学の知見を見事に先取りした見解と言える。そして、人を信じ、人の期待を裏切らないようにしようとする日本人にとっては、他者による期待の視線の効果は絶大なものとなるはずだ。

異文化のことはなかなかわからない。ゆえに表面だけを見て、自文化の論理を当てはめて解釈しがちだ。

戦後まもなくのころ、日本人が従順なのは、しつけが権威主義的で罰が厳しいからだと欧米で誤解されたことがあった。だが実際には、欧米の方が権威的なしつけが行われ、言うことを聞かなければ罰を与えるというのも徹底しており、日本の方がはるかに緩やかなしつけが行われてきたのは述べてきたとおりだ。それなのに、なぜ日本の子どもは従順に育っていたのだろうか。

前出の教育心理学者東洋は、「いい子アイデンティティ」とでもいうべきものの早期形成によってその一部を説明することができるという。これは、子どもに「自分はいい子だ」と思い込ませることで、子どもの中で「いい子だからこうしなければ」という自己規制が働くのを期待するものである。

東は、このようなしつけ方は、「自分は悪い」と自覚させ、「だからこう改めなければ」と思わせようとする欧米のしつけと対照的であるという。

たしかに前項で指摘したように、「いい子だね」と言われることで、その期待に応えるべく「いい子でいなければ」と思うようになると同時に、「僕（私）はいい子なんだ」と思うことで、いい子らしく振る舞わなければと思うようになるし、いい子にふさわしくない行動は取りにくくなる。それが規律を自主的に守ることや、とくにほめられたりしなくても人に対して親切な行動をとることにつながる。

私自身、中学生になってもよくバカなことをして教師から叱られたものだが、「こいつは『悪い生徒』で『劣等生』だ」とみているのが明らかに伝わってくる教師に叱られたときは反省する気になれなかった。だが、「ほんとうは『いい生徒』のはず、『信じている』」という思いが伝わってくる教師の前では軽はずみな行動は取れず、うっかりバカな行動を取ってるところを見られると、とても気恥ずかしい思いになったものだった。

そう考えると、私たち日本人が、「いい子だね」「おりこうだね」としきりに言われてきたことにも、合理的な根拠があるわけだ。

つまり、何かにつけて「いい子」という言葉を投げかけることで、「いい子でなければ」といった意識を刺激し、「いい子アイデンティティ」の確立を促していると考えることができる。

魚の水槽に「爆弾」を入れた子に

日本の幼稚園・保育園で先生と子どものやりとりを観察研究した心理学者ルイスは、日本の先生がアメリカの先生と違って、厳しいしつけをせず、教室で強くリーダーシップを取ることがなく、子どもの行動をコントロールしようとしないことを発見した。

たとえば、ある子どもが「爆弾だ」と言いながら、魚を飼っている水槽に粘土の塊を投げ込んだ。それを見た先生は、「お魚さんがケガをしちゃうよ」と言うだけで、「やめなさい」と命じることはしない。さらには、後でクラスの子どもたちを集めた際にも、「粘土のエサをあげたらお魚さんが喜ぶかと思って投げ入れてあげてる子がいましたけど、ああするとお魚さんはケガをしてしまいますからね」と話すのだった（東洋による紹介をもとに再構成）。

このようなやり方を見て、ルイスは、「させる」より「わからせる」ことが先生の目的になっているとしている。

日本の保育者が子どもたちに指示的にかかわらないことについては、多くの観察者の同意するところである。

イギリスと日本の幼稚園を比較研究した前出の佐藤淑子も、日本では身体的な危険がないかぎり子ども同士でトラブルを解決させるのが望ましいと考えられているのに対して、イギリスでは先生の権威によってトラブルを解決するのが一般的だとしている。

日本、アメリカ、中国の幼稚園・保育園の比較研究を行った心理学者の唐澤真弓やトービンも、日本では友だちにケンカを仕掛けた子どもに対して、先生は子どもが自分で間違いがわかるまで待とうとするが、そのような態度は中国やアメリカでは先生の責任を果たしていないとみなされるとしている。

日本とアメリカの幼児の母親を対象に養育態度の調査を行った唐澤たちは、アメリカで開発された尺度ではネグレクト（養育放棄・無視）に相当する態度が日本には多いが、どうしてそういう態度を取るのかを面接で尋ねてみると、子どもの成長を見守る意図があってあえて言葉をかけないだけで、養育放棄や無視ではないことがわかったという。たとえば、オモチャを自分で片付けるのは当たり前なのだということを子どもに教えたいために、子どもが自発的にオモチャを片付けてもとくにほめず何も言わないという反応が、アメリカ流に判定するとネグレクトとされてしまうのである。

このように、文化の文脈を考慮しないと、とんでもない誤解が生じることがわかるだろう。また、文化の文脈を考慮せずに異文化のやり方を無闇に取り入れると、せっかく機能していたしつけが機能しなくなる可能性があることも示唆される。

たしかに、大人の権威を振りかざして「こうしなさい」「やめなさい」と子どもに命じるのがふつうである欧米と違って、日本の大人はそのように直接的に命じるよりも、暗示的な言い方をして子どもにわからせようとする。子どもが自ら行動を改めるのを期待し、信じて待つようなところがある。

それをみて、欧米人は生ぬるいと感じる。でも、それで混乱が生じず、秩序が保たれていることに驚く。ここにも日本の文化的伝統がしっかりと根づいているのを感じざるを得ない。

「いい子」であることを小さい頃から意識するようになっている日本の子どもたちは、「こんなことをするのはいい子じゃない」と意識させられると、そのようなことはできなくなる。

食べ物の好き嫌いをしておかずを残そうとする子どもに対して、

「食べなさい！」

と直接的に命じるよりも、

「食べないと大きくなれないよ」

「せっかく作ったのに、お母さん、悲しいな」

と暗示的な言い方をする。友だちとの仲直りを促すときも、

「○○ちゃんに早く謝って、仲直りしなさい」

と直接的に命じるよりも、

「○○ちゃんと早く仲直りして、一緒に遊んだら楽しいね」

と暗示的な言い方をする。金魚鉢を棒でかき回すのを見て、

「そんなことするのはやめなさい」

と直接的に禁じるよりも、

「そんなことをして金魚さんが痛い痛いになったらかわいそうだね」

と暗示的な言い方をする。こうしたやりとりを私たちは日常的に経験している。

本人がわがままを言って、明らかに悪い子であっても、

「虫の居所が悪いのね」

などと本人以外のせいにして、子どもの「いい子アイデンティティ」を傷つけないような配慮をする。「いい子アイデンティティ」が守られるかぎり、きっといい子でいるはずと信じる。

こうした日本文化に根づくしつけの良さを見失い、表面上の欧米化を進めようとしてきたところに、今日のしつけの混乱があるのではないだろうか。

熊の「子別れ」に学ぶ

最後に強調しておきたいのは、子どもの心を社会化することの大切さである。

今や親が厳しく社会性を注入しない限り、子どもたちは社会規範を取り込んだり、厳しい現実を生き抜く力を鍛えられたりしない。それでは挫折を乗り越え、忍耐強く自分の道を切りひらいていく力がつかない。端的に言えば社会への適応が困難になるのだ。

そこで今とくに重要なのは、かつてのように地域社会によるしつけや学校の先生によるしつけに期待することができないのだということを肝に銘じて、親自身が日本社会にありがちな母性原理による暴走にブレーキをかけ、子どもを自立へと追いやる覚悟をもつことである。子どもを旅出たせるのである。

乱暴に聞こえるかもしれないが、これは人間を除く動物がごく普通にしていることだ。キタキツネやクマの子別れに見られるように、多くの動物は子どもが自立すべき年頃になると本能的に子どもを自分の元から力ずくで追い払う。それによって、子どもは無理やり自立へと追い立てられる。

だが、人間の場合は、親離れ・子離れを促す文化的な切断装置が必要となる。かつてはそれが子ども組・若者組などとして地域共同体の中で制度化されており、一定の年齢に達したら子どもは共同体のものとみなすような意識を親の側も注入されていた。

今のような時代だからこそ、民俗学者柳田国男のつぎのような指摘を改めて噛みしめる必要があるだろう。

「日本でも熊は、仔熊を三才までは連れあるくことがあって、四才の春の雪解けに穴を出るとき、その子と別れることになってゐます。（中略）たいていはこわい顔をして咬むのだそうであります。越後から会津にかけての山地ではそれをヤラヒといひ、さうして母と別れた子をヤンゴまたはヤラヒゴといふ」（大藤ゆき『児やらい』）

本能に従って子を自立へと追い立てる動物のように、子をやらう、つまりいつまでも親である自分に依存させたままにせずに、自立へと追い立てることの重要性に関して、さらに柳田は、つぎのように指摘している。

「ヤラフといふのは何か苛酷のやうにも聞えますが、どこかに区切りをつけぬと、いつまでも一人立ちができぬのみならず、親より倍優りな者を作り上げることもできなかったのであります。それも世の中がただ少しずつ、氷河のやうに移って行く場合ならば、大体に親の経験を相続し、親の歩んだ足跡をふんでゐても、同じ結果になったかもしれませんが、これからはもうさうはまゐりません」（同書）

社会に変化が乏しい時代ならば、たとえば農業にしろ漁業にしろ親の経験を受け継いでいけば、それで無事に人生を全うできたのだろうが、社会変動の激しい現代では、親の経験を受け継ぐだけでは無事に生き抜くことはできない。これから変動の激しい時代に突入することになる70年前にそのことを指摘した柳田の言葉は、地域社会や学校のしつけ機能が崩壊した上に、親の子別れ意識が薄れている今日こそ、とくに再評価すべきだろう。

「ヤラヒは少なくとも後から追ひ立てまた突き出すことでありまして、ちゃうど今日の教育といふものの、前に立って引っ張って行かうとするのとは、まるで正反対の方法であったと思はれるからであります」

「子どもには別に彼らの時代があり、また彼らの活きぬかねばならぬ人生があって、それはしばしばわれわれの想像を超越したものであり得るのであります」（同書）

いつまでも前に立って子どもを引っ張っていくのでなく、いつか子どもを後から追い立て突き出さなければならない。それは、これから子どもが生きていく人生には、親には計り知れないものがあるからだというのだ。まさにその通りである。

とくに、ＩＴの絶え間ない技術革新により人々のライフスタイルが目まぐるしく変化し続ける今日、子どもが乗り出していかねばならない世界は、親にとってはまったく未知のものであり、とても導いてやることなどできない。親にできることは、どんな状況でも逞しく突き進み、自分の道を切りひらいていける力をつけさせ、世の中に送り出すことだけである。

子どもの自立にとって必要な文化的切断装置が機能するように、親をはじめとする大人たちは、児やらいということの意味を、今改めてしっかりと噛みしめてみる必要があるだろう。

子どもはそんなに柔《やわ》ではない。もっと子どもを信じて体当たりの子育てをすべきなのではないか。もし迷うことがあったら、親の一番の役目はなにかを考えるとよい。子どもを未来に向けて送り出すことだ。間違っても、自分が「子どもの一番の理解者」になることではない。

いつも笑顔の優しい親でいてはならない。親は子どもがぶつかる「壁」として立ちはだかる厳しさと覚悟を持たねばならない。

いろいろと耳に痛いことを指摘してきたかもしれないが、子育てというのは、本来自然なもののはずである。子どもに対する愛情があれば、そう間違えることはないだろう。

あとがき

日頃、若者たちと接していて気になるのは、傷つきやすい者が目立つことである。漠然とした印象のみならず、意識調査でもそれが裏づけられたのは、本文で述べた通りだ。

傷つきやすいことの最大のデメリットは、何だろうか。それは何ごとにものめり込まないことだと私は思う。勉強でも、スポーツでも、恋愛でも、仕事でも、のめり込んだ揚げ句にうまくいかなかったら立ち直れなくなるから、最初から熱中しない。

そう考えると、傷つきやすいというのは、何ともかわいそうなことだとわかる。

傷つきやすくなければ、もっと堂々とやっていけるのに、傷つきやすいばかりに、人から何か言われるたびに強く動揺してしまう。思い通りにならない現実の壁にぶつかるたびに、心がくじけてしまう。反対に、タフな心をもっていれば厳しい叱責にも耐えられるため、先生や上司に鍛えてもらえる。失敗してもめげずにチャレンジを続けられるし、失敗を糧にして成長していける。うっかりキレてせっかくの人間関係を台無しにしてしまうようなこともないだろう。本来、若者はそんな人間関係のなかで、仲間として認められ、いずれは周囲を引っ張っていくようになる。

近頃の若者の生きづらさには、「ほめて育てる」という思想が深く絡んでいるのではないか。であれば、できるだけ早く世の中の風潮に警鐘を鳴らす必要がある。そんな思いから、この本を書くことを思い立った。

原稿を書き進めながら、もうひとつ気になったのが、親が子どもの将来をコントロールできるといった発想である。この発想を植えつけるようなメッセージが世の中に氾濫しているのだ。まるで子どもの能力開発は親次第といった感じで、「できる子」にするためのノウハウが盛んに説かれる。読書量、英語教育から生活習慣までじつに幅広い。こうした発想が「ほめて育てる」という思想と合体して、ほめると子どもはこうなり、親にも子どもにもこんなに良いことがあるといった方程式に近いメッセージになる。

二人の子どもたちの子育てに自ら深くかかわる立場にあった私自身、そうしたメッセージには大いに違和感を覚えた。子どもなんて親の思うようになるものではないし、親の思い通りになるような主体性のない子ではかえって行く末が心配だ。そんな当たり前のことがなぜか常識でなくなってきている。

子育てというのはもっと自然なものなのではないか。もっと自然にしていた方が気持ちが通じ合うのではないか。それに、親の愛情ややさしさというのは、ほめ言葉で押し売りするようなものではなく、日常の何気ないやりとりの中で、ごく自然に伝わるものだろうに。それがなければ、いくら言語的報酬を与えたところで、気持ちが触れ合うことはないだろう。常々そのように感じていた。

ほめて育てるという思想にしろ、親が子どもの将来をコントロールできるという発想にしろ、それを売り物にする商売によって、子育てに迷う親の心に巧みに注入される。うっかり叱ると子どもにとってトラウマとなると脅したり、ほめるだけで子どもは伸びると一面的なメリットを強調して惹きつけたり。教育の専門家と称する人たちの言うことを真に受けて犠牲になるのは、教育熱心な親とその子どもであることはぜひ知っておいてほしい。

自分という存在はどのように形成され、どんなふうに成り立っているのか。それを研究するのが私の専門だが、子育ての使命は子どもの自己形成を支援することなので、これまでにも子育てセミナーや親のカウンセリングをしたり、親向けの教育書を書いたりしてきた。だが、子育てをしている親の背後にある社会の空気を何とかしないといけないということが私の大きな問題意識にもなっている。

子育てを取り巻く空気を変えるためにも、子育て中の人たちだけでなく、親子を取り巻くさまざまな立場の人たちに、こうした問題について考えていただきたい。異論もあるだろうし、筆者の至らない点もあるだろう。いずれにしても問題意識を多くの人々が共有することによって、子どもたちをレジリエンスの高い人間に育てていくための、より良い方向性が見えて来るであろう。

本書をまとめるに当たっては、新潮社新潮新書編集部の門文子さんに大変お世話になった。編集作業のみならず、資料収集段階からいろいろとご協力いただいた。子育てに格闘中の立場からの意見も大変参考になった。また後藤裕二編集長には、私の考えに共感いただき、さまざまなサポートをしていただいた。お二人に心からお礼を申し上げたい。

2015年11月

榎本博明

◆主要参考文献

『尾木ママの「叱らない」子育て論』尾木直樹著、２０１１年、主婦と生活社
『親がラクになる　叱らないでOK！な子育て』月刊クーヨン編集部編、２０１１年９月、クレヨンハウス
『父性の復権』林道義著、１９９６年、中公新書
『イギリスのいい子　日本のいい子――自己主張とがまんの教育学』佐藤淑子著、２００１年、中公新書
『子どもが育つ魔法の言葉』ドロシー・ロー・ノルト、レイチャル・ハリス著、石井千春訳、１９９９年、ＰＨＰ研究所
『「過剰反応」社会の悪夢』榎本博明著、２０１５年、角川新書
『フランスの子どもは夜泣きをしない――パリ発「子育て」の秘密』パメラ・ドラッカーマン著、鹿田昌美訳、２０１４年、集英社
「母親元型の心理学的諸相」カール・グスタフ・ユング著、鈴木直訳（「エピステーメー」１９７７年５月号、朝日出版社所収）
『しつけ』我妻洋、原ひろ子著、１９７４年、弘文堂
『余意と余情――表現論への試み』岡部政裕著、１９７１年、塙新書
『人間形成の日米比較――かくれたカリキュラム』恒吉僚子著、１９９２年、中公新書

『日本人のしつけと教育――発達の日米比較にもとづいて』東洋著、1994年、東京大学出版会
『ふにゃふにゃになった日本人――しつけを忘れた父親と甘やかすだけの母親』マークス寿子著、2000年、草思社
『「すみません」の国』榎本博明著、2012年、日経プレミアシリーズ
『フロイトとユング』小此木啓吾、河合隼雄著、1978年、思索社
『フランス人は子どもにふりまわされない――心穏やかに子育てするための100の秘密』パメラ・ドラッカーマン著、鳥取絹子訳、2015年、CCCメディアハウス
『母なるもの』遠藤周作著、1975年、新潮文庫
『子育ての書2』山住正己、中江和恵編注、1976年、東洋文庫
『江戸の子育て』中江和恵著、2003年、文春新書
「もう一つの〈子どもの発見〉」太田素子著（小嶋秀夫、速水敏彦、本城秀次編『人間発達と心理学』2000年、金子書房所収）
『明治期後半、大正、昭和初期の庶民階層における家庭の教育に関する一考察――年長者からの聞き書き調査による「一家団欒」の考証』（梅光女学院大学論集26）佐野茂著、1993年、梅光女学院大学
『「父性」のたてなおし「母性」のみなおし――子どもの自我発達への援助』山添正著、1997年、ブレーン出版
『日本巡察記』ヴァリニャーノ著、松田毅一他訳、1973年、東洋文庫

主要参考文献

『自己愛過剰社会』ジーン・トウェンギ、W・キャンベル著、桃井緑美子訳、2011年、河出書房新社
『〈育てられる者〉から〈育てる者〉へ——関係発達の視点から』鯨岡峻著、2002年、日本放送出版協会
『日本人のしつけは衰退したか——「教育する家族」のゆくえ』広田照幸著、1999年、講談社現代新書
『日本人と日本文化』司馬遼太郎、ドナルド・キーン著、1972年、中公新書
『児やらい』大藤ゆき著、1968年、岩崎美術社

榎本博明　1955（昭和30）年東京都生まれ。心理学博士。東京大学教育心理学科卒。カリフォルニア大学客員研究員、大阪大学大学院助教授等を務める。著書に『「上から目線」の構造』等多数。

Ⓢ新潮新書

647

ほめると子《こ》どもはダメになる

著　者　榎本博明《えのもとひろあき》

2015年12月20日　発行
2019年4月5日　9刷

発行者　佐藤隆信
発行所　株式会社新潮社
〒162-8711　東京都新宿区矢来町71番地
編集部(03)3266-5430　読者係(03)3266-5111
http://www.shinchosha.co.jp

印刷所　株式会社光邦
製本所　株式会社大進堂

ISBN978-4-10-610647-7　C0237